① 선산군청 상황실에서 최종윤 선산군수가 고시합격 축하 꽃다발을 걸어주며(1983년)
② 행정고시 합격 후 경북도청 연수 시절 도청을 배경으로(1983년)

① AIT(아시아공과대학) 졸업식 후 기념 촬영(1992. 8. 20)
② 주OECD 대표부 일등서기관 근무 시절 프랑스에서 가족과 함께(1999. 8. 1)

① 주OECD 대한민국 대표부 시절 이효계 농림부 장관 내외분과 함께(1997. 11. 3)
② 주OECD 대표부 시절 파리 농업인단체 방문 기념(1998. 12. 14)
③ 로댕박물관 '지옥의 문' 앞에서 김동태 농림부 차관과 함께(1999. 6. 29)

① 농림부 협동조합과장 시절 직원들과 함께 충남 보령 오서산 정상에서(2001. 10. 20)
② 농림부 기획예산담당관 시절 가을체육행사로 안양 수리산 관모봉에서(2003. 10)
③ 주미 대사관 근무 시절 메릴랜드주 하원의원으로부터 주지사 표창장을 받고(2010. 4. 30)

① 농림부 혁신인사담당관 시절 노무현 대통령과의 토론회 후 기념 촬영(2004. 6. 4)
② 기획조정실장 시절 청와대 인왕실에서 이명박 대통령의 격려 오찬 기념(2012. 11. 6)

농촌진흥청  이양호 청장
2013. 3. 18.        농촌진흥청

① 제 25대 농촌진흥청장 취임식(2013. 3. 18)
② 브라질 농업연구청 대표단 면담(2013. 3. 25)
③ 임실 치즈 체험마을 방문(2013. 3. 28)

① 농촌진흥청-브라질 Embrapa 공동워크숍 후 기념 촬영(2013. 3. 26 )
② 농촌진흥청과 영남대학교 MOU 체결(2013. 4. 18)

① 청와대에서 농촌진흥청장 임명장 수여(2013. 4. 15)
② 고 박정희 대통령 생가 방문(2013. 5. 7)
③ 구미 시청에서 공직자 대상 특강을 하며(2013. 5. 7)

① 우간다 무세베니 대통령 농촌진흥청 방문 기념(2013. 5. 29)

② 수원 보훈요양병원 위로 방문(2013. 6. 13)

③ 농촌진흥청 국정감사(2013. 10. 17)

① 우간다를 방문하여 농촌진흥청과 우간다 MOU 체결(2013. 6. 25)
② 농촌진흥청과 특허청 MOU 체결(2013. 6.13)
③ 한ㆍ아프리카 농식품기술협력협의체(KAFACI) 회원 초청 만찬(2013. 6. 25)

① 이동필 농식품부 장관 주재 간담회에서 전시관을 둘러 보며(2014. 5. 23)
② 정홍원 국무총리 농촌진흥청 방문(2014. 8. 7)
③ 농촌진흥청과 방위사업청 MOU 체결(2014. 6. 11)

① 구미시 농업인 농촌진흥청 방문 기념(2014. 12. 20)
② 구미시 농업기술센터 직원 농촌진흥청 방문 기념(2015. 12. 23)

① 제 18회 구미시 농업인 한마음화합대회에서 수상자들과 함께(2015. 11. 13)
② 제 18회 구미시 농업인 한마음화합대회에서 참여자들과 함께(2015. 11. 13)
③ '구미별미' 대한민국 소비자신뢰 대표브랜드 대상 수상자들과 함께(2015. 9. 9)

① 충남 태안 '매화둠벙마을'에서 블로그 기자단과 함께(2015. 7. 24)
② 충남 태안 '매화둠벙마을'에서 물고기 잡기체험(2015. 7. 24)
③ 포도 봉지 씌우기 일손 돕기(2015. 6. 19)

① 군산 모세스 영아원 방문(2016. 2. 2)
② 그린벨트 텃밭 개장식(2015. 4. 4)
③ 모내기 경연대회(2015. 5. 26)

① 주한 미국대사관 농무참사관 농촌진흥청 방문(2016. 4. 11)
② 경상북도농업기술원을 방문하여(2015. 9. 16)
③ 외국인 쉐프와 함께하는 농가맛집 팸투어(2015. 5. 12)

① 구미시 농지업무 담당자 농촌진흥청 방문(2016. 6. 17)
② 경구회 회원 농촌진흥청 방문(2016. 7. 2)

• 한국마사회장 재임 시절 •

① 제 35대 한국마사회장 취임식(2016. 12. 21)
② 한국마사회 시무식에서 참여자들과 악수를 나누며(2017. 1. 4)
③ '1 table 1 flower' 꽃 나눔 행사(2017. 1. 18)

① 전통시장 방문(2017. 1. 20)
② 농어촌희망재단 문화사업 기부금 전달식(2017. 3. 10)
③ 렛츠런 스포츠단과 함께(2017. 3. 10)
④ 신비전 및 불법경마 근절 대국민 선포식(2017. 4. 5)
⑤ 과천 경마공원 벚꽃엔딩축제에서(2017. 4. 8)

① 과천 경마공원에서 열린 벚꽃엔딩축제 점등식(2017. 4. 8)
② 스포츠조선배에서 우승한 최범현 기수와 함께(2017. 6. 18)
③ 2017렛츠런 재능기부의 날 행사 기념(2017. 4. 19)
④ 복지증진 공모사업 기부금 전달식(2017. 6. 17)
⑤ 한터수교 60주년 터키컵 대회 기념(2017. 6. 3)

① 코리아컵 전야제 행사에서(2017. 9. 9)
② 중남미 지역 대사 초청 행사(2017. 7. 15)
③ 한국마사회와 한국체육대학교 MOU 체결(2017. 9. 13)

① 농어촌 복지증진 공모사업 기부금 전달식(2017. 7. 21)
② 세계선수권대회 메달 획득 렛츠런 유도단 환담(2017. 9. 8)
③ 체험형 청년인턴 임용식(2017. 9. 13)

① 구미시 4-H회원 한국마사회 방문기념(2017. 5. 17)
② 경기 남부경찰청 방문 기념(2017. 9. 22)
③ 운동화 기증 달리기 기부 행사(2017. 9. 21)
④ 사회복지시설 상생기부금 전달식(2017. 9. 14)
⑤ 전국 승마대회에서 수상자들과 함께(2017. 9. 23)

① 1본부 1촌 봉사활동에 참여하여(2017. 6. 28)
② 헌혈 행사에 참여하여(2017. 8. 17)
③ 직거래장터 마로마켓 방문(2017. 9. 27)

# 다시
# 솟아라
# 희망아

# 다시
# 솟아라
# 희망아

해조음

· 차 례 ·

책을 펴내며                                    6


브라보 마이라이프

겨울 아이                                     14
내 마음의 파랑새                              18
풋풋했던 중학 시절을 기억하며                 22
청운의 푸른 꿈을 안고                          27
추억의 책갈피 속에는                           31
흑백화와 삼중당 문고                           37
행정고시에 도전하다                           41
도전 그리고 성공                              45
나의 공부 비법                               49
첫 발령과 군대 생활                           53
수신제가 치국평천하                           59
아들·딸 바보 아빠                             65
만능 스포츠맨, 징기스칸을 존경하다             71


열정과 신념의 한 길

AIT에서 취득한 석사 학위                      76
태국인들의 자부심과 낙천적 생활               80
우루과이라운드와 농업구조정책               83
농림부의 요직을 두루 거치며                   90

프랑스에서 국제적 안목을 기르다     94

톨레랑스와 노블레스 오블리주     100

동해안 산불을 진화하며     105

농축협 전문가로 인정 받다     108

열정의 기획예산담당관 시절     112

인맥을 쌓고 소통을 배우다     115

농림부의 대변인이 되다     118

외교관으로 주미 대사관에 근무하다     122

미국에서 정치를 배우다     128

미국 의회 시스템의 장점     133

농협을 개혁하다     139

15조 예산을 편성하다     142

제 25대 농촌진흥청장에 취임하다     145

고·현·정 정신     152

우간다 대통령과의 인연     156

농촌진흥청 신청사를 개청하며     161

국민행복을 향해 질주하다     168

공직 생활의 세 가지 원칙     175

# 말과 글로 이끄는 창조적 리더십

연설문     182

기고문     202

인터뷰     232

# 구미의 미래를 설계하다

이 책은 지난 58년 간의 내 삶과 34년 간의 공직 생활을 담은 기록이다. 끈기와 열정으로 보낸 시간들을 뒤돌아보니 만감이 교차한다. 상당 부분 중앙에서 일했지만 내 삶의 기저에는 항상 내가 태어나고 자란 고향 구미에 대한 강한 애정과 향수가 짙게 깔려 있다. 어쩌면 그 모두가 고향민들의 큰 격려와 아낌없는 관심 덕분이 아니었나 생각한다. 언젠가 고향으로 돌아가 고향 발전에 헌신해 보겠다는 꿈을 늘 간직하고 있었다.

지난 시절 농림부의 요직과 농촌진흥청장, 한국마사회장(CEO)을 지내면서 정책의 기획과 집행, 예산 편성과 확보, 대외 협력과 협상, 기업 경영으로 쌓은 경력과 경험, 인맥 등 내 능력을 한데 모아 고향 구미를 위해 꿈을 실현시키고 싶다. 이제 가슴 한 켠에 고이 간직한 내 꿈을 펼쳐 보기 위해 힘찬 새 출발을 하려 한다.

나는 중앙 부처의 고위 공직자가 되기까지 청렴한 공직자로 인정받으며 직장 동료, 고시 동기, 선·후배 등 중앙에 인맥이 있고, 15조원의 농식품부 예산을 편성하는 기획조정실장을 역임하면서 300개가 넘는 다양한 사업을 기획, 조정하고, 예산을 확보하여 집행하는 과정에서 능력과 자질은 이미 검정되었다고 자부한다. 그동안 어느 자리에 있든지 고향 구미에 많은 관심을 갖고 지원하며 행사에 참여하는 등 노력을 해 왔다. 앞으로 내 삶의 방향은 오롯이 고향 구미의 미래 발전과 구미 시민의 행복을 향할 것이다.

구미는 70년도 전까지만 해도 우리나라에 흔한 농촌이었다. 자본도 기술도 인재도 없는 허허벌판에 고 박정희 대통령께서 구미 국가산업단지를 조성하여 지금의 세계 초일류 IT국가로 우뚝 서게 한 기적을 만들어냈다. 세계 어느 나라 공항과 대도시를 가도 대한민국 삼성, LG의 홍보 간판이 눈에 들어온다. 그때마다 가슴 뭉클한 감동과 내 고향 구미가 한없이 자랑스럽고 자부심이 느껴진다. 세계적으로 인정받고 있는 전자 제품들의 원초적 생산기지가 바로 구미이기 때문이다.

세계 일류기업의 산실이 구미이고, 내한민국의 경제를 맨 앞에서 견인한 주역이 구미산업단지였다. 그런 구미가 예전의 활력을 잃어버리고 구미 경제의 동력이 점점 떨어지고 있는 현실이 너무 가슴이 아프다. 새로운 미래에 대한 구체적 희망이 그려지지 않은 채, 새로운 일자리가 창출되지 않고, 신규 투자가 이루어지지 않는 고향 구미를 볼 때 가슴이 답답하다.

구미의 현실을 바라보며 내 고향 구미의 새롭고 지속적인 발전 방안은 무엇일까를 늘 고민해 왔다. 시간만 나면 공대 교수, 경제학자, 경제인, 산업 전문가, 구미를 사랑하는 구미 고향 사람들을 만나 자문과 토론을 해왔다. 나의 고민은 한 가지다. 어떻게 하면 고향 구미의 전성기를 되찾을 수 있을까? 남들이 생각하지 못하는 전혀 새로운 구미는 어떻게 하면 실현될 수 있을까? 구미의 미래를 어떻게 변모시킬 것인가에 대한 절실한 성찰이 필요한 시점이다.

나는 고 박정희 대통령께서 구미를 우리나라 대표 전자산업도시로 세우고, 세계적 전자산업 공단을 만든 것을 '제 1차 구미혁명'이라고 생각한다. 그런 의미에서 구미는 우리나라 경제혁명의 발상지라고 할 수 있다. 나는 기회가 주어진다면 그 정신을 이어받아 '제 2차 구미혁명'을 기어이 만들어내고 싶다. 현재 구미는 공단 활성화, 관광 인프라 확충, 물류 개선, 자영업 진흥, 농축산물 판로 확보 등 여러 가지 어려움을 겪고 있다.

이러한 문제는 하나하나 따로 떨어져 있지 않고 서로 연결된 문제라고 생각한다. 나는 구미가 안고 있는 어려움을 적극 해소하여 구미 공단과 경제를 활성화시켜 고품격 문화와 예술이 살아 숨 쉬고 시민과 공무원이 스스럼없이 소통하는 '이웃과 함께 잘 사는 아름다운 도시'로 만들고 싶다. 이를 위해 몇 가지를 추진할 필요가 있다고 생각한다.

우선, 혁명적 발상을 통해 구미 국가산업단지의 패러다임을 근본적으로 전환하여, 구미의 영광을 되살려야 한다고 생각한다. 지금의 구미를 4차 산업혁명의 전진기지화하여 글로벌 시대 대표 스마트시티로 도약시켜, 구미의 100년 먹거리를 든든하게 확보하는데 앞장서고 구미 국가산업단지가 다시 한 걸음 더 도약하는데 힘을 보태고 싶다.

구미가 지난 30여 년 간 전자산업으로 먹고 살았듯이 향후 100년을 먹고 살아갈 구미 경제 신동력을 탄소섬유, 로봇산업, 인공지능(AI), 자율 주행자동차, 증감현실 등 4차 산업혁명 기반 스마트시티로의 본격적인 도시 발전 혁명을 이루어내야 한다고 생각한다.

이를 위해 대전의 대덕연구단지 같이 새로운 인재를 모으고 첨단 연구를 수행하여 시제품을 만들어 볼 수 있는 시스템을 적극 지원하여 명실공히 '구미콘 밸리 프로젝트'를 본격 가동시키는 것도 한 가지 방법일 것이다. 구미에 4차 산업혁명 시민위원회를 구성하여, 지능형 로봇 등 미래형 신산업을 발굴 육성하고 글로벌 강소기업, 히든 챔피언 기업 육성을 위한 중소기업의 성장 환경을 구축하고 키워나간다면 반드시 좋은 결과를 얻을 수 있을 것이라 믿는다.

그렇게 한다면 전자산업도시 구미는 우리나라를 대표하는 4차 산업혁명 기반의 스마트시티로 도약하여 삼성, LG 등의 대기업, 중소기업, 연구기관, 학교가 함께 새로운 구미 경제의 엔진을 힘차게 돌리게 될 것이다.

아울러, 시민과 함께 열린 가슴으로 소통하며 구미 경제발전을 위한 발상의 대전환을 추진하면 좋을 것이다. 주 5일 근무, 평균수명 연장, 삶의 질과 행복을 중시하는 시대적 여건 변화에 능동적으로 대응하여 구미에 또 하나의 새로운 미래 먹거리를 찾아내야 한다. 바로 1,000만 관광객 구미시대를 열어 사람과 돈, 문화와 예술이 모여드는 도시, 구미를 만들고 싶다.

금오산 도립공원권역, 천생산권역, 선산 낙동강권역, 도심 경제발전 역사권역, 새마을운동 발상권역 등 산과 강, 역사와 문화를 다 갖춘 구미의 관광 인프라를 관광산업으로 발전시키는 것도 좋은 방법일 것이다. 구미 시민이 사랑하는 관광 문화 도시 구미, 경북은 물론 우리나라를 대표하는 관광 문화 도시 구미의 탄생을 기대해 본다.

고향 구미는 계속 달려야 한다. 그러려면 발상의 대전환, 두려움을 모르는 도전, 도시경제 패러다임의 혁명이 이루어져야 한다고 생각한다. 구미는 국가 공단이 있는 도농 복합도시로 다른 어느 시군보다 행정이 복잡하다. 중앙 정부와의 협력과 소통 또한 중요하다.

그동안 축적된 현장의 성공 경험과 폭넓은 중앙 경험을 쌓아온 나의 경력은 구미 발전을 위해서 큰 장점이 되리라 믿는다. 나만의 경쟁력을 바탕으로 이제 구미 발전을 위해 땀과 눈물과 열정을 바치고 싶다. 구미를 사랑하고 나를 키워준 구미의 모든 분들께 다시 한 번 두 손 모아 감사의 인사를 드린다. 또 한 번 더 크게 용솟음치는 구미를 위해 여러분과 함께 힘차게 뛰고 싶다.

끝으로 오늘의 나를 있게 한 부모님께 깊은 감사의 마음을 전하며, 묵묵히 뒷바라지 해준 아내와 가족에게도 고맙다는 말을 남기고 싶다. 또한 이 책이 나오기까지 애써준 해소음 이철순 대표의 노고에도 감사 드린다.

2018년 무술년 새해 아침

브라보 마이라이프

# 겨울 아이

나는 1959년 음력 11월 경북 구미시 옥성면 덕촌리에서 5남매 중 맏이로 태어났다. 어머니 말씀에 따르면 나를 낳을 때 삭풍이 몰아치는 추운 계절이라 밤새 진통을 겪고 첫 아들을 얻은 기쁨과 행복감에 젖을 무렵, 날이 서서히 밝아왔다고 회고하셨다. 어릴 적 들려주신 할머니 말씀에 따르면 어머니가 나를 낳기 며칠 전 집마당 연못에서 학이 큰 날개를 치면서 날아오르는 꿈을 꾸셨다고 한다.

유난히 추운 겨울에 태어나서 그런지 나는 여름보다는 겨울을 더 좋아한다. 시리도록 세찬 겨울 바람을 맞으며 내면을 들여다보고 정신을 가다듬을 수 있어서 좋다. 또 세상을 온통 하얗게 덮어버리는 순백의

눈을 바라보며 무슨 일이든 새롭게 출발할 수 있어서 그런지 모른다.

내가 태어난 곳은 구미시 서북부에 위치한 곳으로 남쪽에는 금오산 영봉이 솟아 있고 낙동강이 북에서 남으로 흐르며 낙동강 줄기 따라 평야를 이룬 전형적인 농촌 마을이다.

지금도 고향 마을에는 부모님께서 살고 계신다. 이곳은 나의 본향인 경주 이씨 집성촌으로 선대 조상 대대로 농사를 지으며 400년 이상 거주한 곳이다. 마을 주변에는 10대조가 넘는 조상들의 묘가 있다. 대대로 이곳에서 오랜 세월 동안 땅을 일구어 농사를 지으며 살아오셨다.

할아버지는 젊은 나이로 6.25 피난 중 폭격으로 다리를 다쳐 돌아가셨다. 아버지는 할아버지로부터 물려받은 작은 땅으로 넉넉하지 않는 살림을 꾸리며 가장으로서의 역할을 다하셨다. 아버지는 매사에 열정적이고 책임감 있는 성품을 지니셨다. 어머니는 언제나 자애롭고 따뜻한 마음으로 자식들 뒷바라지에 힘쓰셨다.

나는 내가 태어난 덕촌리에서 어린 시절을 보냈다. 산 좋고 물 맑은 아름다운 자연의 품에서 마음껏 뛰어 놀며 호연지기를 기를 수 있었다. 특히 봄부터 가

아버지 이재영, 어머니 김덕연

담임 선생님과 금오산에서

을까지 방과 후에는 동네 친구들과 함께 뒷산에 꼴 베러 가기도 하고 소를 몰고 풀을 먹이러 가곤 했다. 소를 산에 풀어 놓고 아이들과 산을 뛰어다니며 놀았다. 그때 선배들로부터 재미있는 이야기를 듣기도 했다.

그 시절에는 학교에서 하는 공부 이외에도 하는 것이 참 많았다. 어떤 날은 소나무를 살려야 한다고 송충이를 잡아야 했고, 어떤 때는 수확한 쌀을 축내는 쥐를 잡아 학교에 쥐꼬리를 증거로 제출해야 했다. 또 겨울에는 교실 난로에 땔 장작과 불쏘시개를 가져가야 했다.

그때는 쥐가 참 많았다. 식량이 절대 부족한 시절이라 한 톨의 곡식이라도 절약하기 위해 전국적인 쥐잡기 운동이 벌어지곤 했다. 신출귀몰한 재미있는 쥐잡기 묘수도 생겨나곤 했다. 집안 천정, 부엌 등에서 출몰하는 쥐와 자주 마주쳤으니 가히 쥐잡기 전쟁이라 할만 했다.

그런 쥐를 잡는 각자의 노하우가 있었다. 옆집 아재는 쥐덫에 향긋한 참기름을 살짝 바른 멸치를 놓아 잘 잡았다. 또 이웃집 아저씨는 쥐약을 밥에 잘 섞어 쥐가 이동하는 통로에 갖다 두어 잡기도 했다. 한 번씩 전 국민이 함께 쥐를 잡는 날도 있었으니 지금 생각하면 격세지감이 느껴진다.

우리 집 근처에는 경주 이씨 성을 쓰는 친척이 많이 살았다. 그 친척 집에는 나와 비슷한 또래의 친구들이 있어 그 친구들과 함께 윗 마을에 있는 덕촌국민학교(지금은 초등학교)에 다녔다. 지금도 그 친구들은 나의 소중한 벗으로 남아 있다.

덕촌국민학교는 마을에서 2㎞ 정도 떨어진 거리에 있었는데 어린 시절 나에게 꿈을 심어준 곳이다. 등·하굣길에 이규성, 이종기, 김종현, 이재성 등 친구들이랑 어울려 논두렁 밭두렁으로 몰려다니며 놀았던 기억이 지금도 생생하다. 학교까지의 거리는 5리 밖에 안 되었지만 친구들과 장난도 치고 정답게 이야기도 나누며 다녔던 그 시절을 잊을 수가 없다.

학교를 마치고 집으로 돌아오는 길에 계절 따라 변화하는 자연에 순응하며 어린 고사리 손으로 칡을 캐 먹었던 기억이 떠오른다. 또 친구들과 강에 가서 개구리나 물고기를 잡고, 봄이면 버들피리를 만들어 불며 재미있게 놀았던 시간들을 어찌 잊을 수 있을까.

초등학교 시절 경주로 수학여행 가서 친구들과 함께

# 내 마음의 파랑새

덕촌초등학교는 한 학년이 두 개 반으로 나누어져 한 반에 60여 명이 함께 공부했다. 6학년 졸업할 때까지 한 학년 120여 명의 친구들과 매년 같이 지냈기 때문에 형제나 다름없었다. 지금도 초등학교 시절 동고동락했던 친한 친구들은 오랜만에 만나도 너무 반갑고 막역하다. 나는 그 친구들과의 인연이 너무 소중하고 언제까지나 간직하고 싶다.

나는 초등학교 때 축구부 활동을 했다. 비록 키는 크지 않았지만 포지션은 골키퍼였다. 그 시절에는 축구 장비를 따로 마련하기 어려웠던 때라 골키퍼용 장갑을 낀다는 것은 엄두도 낼 수 없었다. 맨손으로 축구공을 잡으려 하다 보면 손을 자주 다쳤다. 특히 새 공을 쓸 때는 더욱 그랬다. 손가락을 다쳐 숟가락질하기도 어려울 정도로 손가락이 자주 통통 부어 있었다. 손에 감각이 없어질 때도 있었지만 신경 쓰지 않고 열심히 축구를 했다.

담임 선생님이 축구부 코치 역할도 하셨는데 내가 속한 우리 학교

팀이 이기기 위해 나는 최선을 다 했다. 한번은 우리 축구팀이 선산 학생체육대회에 나가서 초등학생 부 3등을 하기도 했다. 700명 밖에 안 되는 작은 시골학교에서 3등의 쾌거를 이룬 것이다. 그때의 기쁨 은 세상을 다 얻은 것처럼 행복감 에 젖었던 기억이 난다.

직지사에서 친구들과 함께(왼쪽 첫번째)

나는 무슨 일이든 시작하면 끝 까지 최선을 다해 결말을 짓는 성 격이다. 유난히 지기 싫어해서 아이들과 가끔 싸움이 벌어질 때도 지 지 않으려고 맨손으로 안 되면 도구(?)를 사용하기도 했다. 이런 패기 로 이룬 초등학교 시절 축구대회는 잊을 수 없다. 내가 키가 좀 더 컸 더라면 축구선수가 됐을지도 모를 일이다. 나는 글짓기도 곧잘 했는데 읍내에서 열리는 학생글짓기대회에서 동시를 지어 상을 타기도 했다. 그 시절 나의 꿈은 선생님이 되는 것이었다. 시골에서 선생님은 그야말 로 선망의 대상이었다.

덕촌초등학교 학생들은 크게 다섯 개 동네에 분포되어 있었다. 태봉 리, 죽원리, 덕촌리, 봉곡리, 포상리 친구들이 한 학교에 다녔다. 비슷 한 시기에 동네별로 5~6명씩 같이 태어나고 자랐다. 그 또래들은 또 같은 학교를 다녔기 때문에 몰려다니며 형제처럼 친하게 지냈다. 동네 친구집에 몰려가서 같이 놀고 골방에 둘러앉아 노래도 불렀다. 떼를 지어 과일이나 곡식을 훔쳐 먹는 서리 장난도 함께 했다. 한 팀이 되어 물고기를 잡기도 했다. 함께 놀고 함께 공부했던 초등학교 친구들과의 우정은 그 무엇과도 바꿀 수 없다.

그 당시에는 누구 할 것 없이 용돈이 부족했다. 아이들은 간식이나 군것질거리를 찾기 위해 서리 장난을 치곤 했다. 동네 아재들 밭에 콩 서리하여 콩을 구워 먹기도 하고, 수박 서리를 하여 수박을 나눠 먹는 게 간식의 전부였다.

좀 간 크게 서리할 때는 닭을 많이 키우는 친구집의 닭을 서리해 삶아 먹기도 했다. 가을 추수 후 우리만의 은어로 '쥐 잡는다'고 하여 자기 집 쌀을 부모님 몰래 퍼 와서 동네 가게에 팔아 군것질을 하기도 했다. 가끔 옆 동네 아이들과 싸움을 해도 우리는 함께 싸웠고, 같이 이기거나 같이 얻어 맞았다. 코피가 먼저 터지면 지는 거였으니까.

지금은 이런 초등학교 시절을 함께 보냈던 동네 친구들과 돌처럼 변치 않는 우정을 간직하자는 의미를 담아 '석우회(石友會)'라는 모임으로 이어가고 있다. 이제는 부부 모임으로 발전해 흉허물 없이 친하게 지내며 서로를 다독여주는 버팀목이 되고 있다. 가끔 조금씩 모은 회비로 여행도 다녀오곤 한다.

몇 년 전에는 나는 일 때문에 가지 못하고 아내만 참석해 중국 황산으로 부부 동반 여행을 다녀오기도 했다. 또 지난 해에는 부부가 참석해 일본으로 여행을 다녀오기도 했다. 나이 들어가면서 부부 간 함께 정을 나누는 재미가 쏠쏠한지 요즘에는 나보다 아내가 석우회 친구들과 더 잘 지낸다.

장년이 된 지금, 나는 재경넉촌초등힉교 동창회장과 덕촌초등학교 총동창회 부회장으로서 자주는 못 가지만 학교 행사 때 참석해 친구들과의 만남을 이어가고 있다.

덕촌초등학교에서 보낸 어린 시절은 철없는 시기였지만 어쩌면 내 마음의 파랑새를 품게 한 시간이 아니었나 생각한다. 지금은 아련한 그리움으로 내 마음에 남아 있지만 가끔 다시 한 번 그 시절로 돌아가 봤으면 좋겠다는 생각을 해 본다. 지금 생각해도 참 아름답고 즐거운 추억이다.

초등학교 시절 직지사에서 친구들과 함께

# 풋풋했던 중학 시절을 기억하며

나는 초등학교를 졸업하고 선산 읍내에 있는 선산중학교에 입학했다. 집에서 5㎞ 정도 떨어진 곳인데 초등학교 때와는 달리 친구들과 자전거를 타고 학교에 다녔다. 봄 여름 가을 겨울, 사계절 변화하는 자연 풍경을 만끽하며 자전거를 타고 다니면서 조금은 감성적인 소년으로 성장해 갔다.

그렇지만 초등학교 때 몰려다니던 개구쟁이 친구들이 변할 리가 있겠는가. 비포장도로를 달리며 여전히 등·하굣길은 우리들의 놀이터였고 운동장이었고 간식 창고였다. 지금 생각해 보니 참으로 풋풋한 시절이었다.

그때는 모두가 어려운 가정 형편이었으니

학생이라고 해서 공부만 할 수 있었던 처지가 아니었다. 농번기가 되면 가정실습이라고 해서 모내기, 벼 이삭 줍기 등 집안 일손에 학생이 참여할 수 있도록 학교에서 시간을 내 주기도 했다. 농촌의 일손 부족 시기에 한 손이라도 더 거들라는 배려였으리라. 나도 틈나는 대로 집안 일을 거들며 학업에 열중했다.

고향 마을 윗동네에 있던 조그마한 초등학교와는 달리 읍내 중학교는 학생 수가 많았다. 내가 입학한 1972년도에 선산중학교는 남녀공학이었다. 우리 학년은 남학생 여섯 반, 여학생 세 반 모두 9개 반으로 초등학교 때와는 비교가 되지 않을 정도로 학생 수가 많았다. 한 학급이 60명 정도였으니까 540명이 넘었다. 그러다 보니 자연히 초등학교 때보다 우수한 학생이 많았고 두각을 나타내기가 쉬운 일은 아니었다.

중학교 공부 중에서 처음 접했던 영어 과목은 무척 흥미로웠다. 선행학습이나 학원이 없었던 그 당시에는 시골 초등학교에서는 영어를 접할 기회가 없었다. 당시 여자 영어 선생님이셨는데 영어를 처음 배우는 우리들에게 친절하고 자상하게 재미를 느낄 수 있도록 이끌어주셔서 열심히 공부했던 기억이 난다. 그때 영어에 흥미를 느껴 열심히 공부한 덕분에 공직생활을 하는 동안 주미 대사관 등 해외 근무를 하는 계기가 된 것이 아닌가 싶다. 영어 선생님께 감사드린다.

중학교에 들어가서 새로 배운 것 중 하나가 탁구다. 학교에 탁구대가 몇 개 있었는데 틈이 날 때마다 친구들과 탁구를 쳤다. 방과 후에

선산중학교 시절 친구들과 함께

도 읍내 탁구장에 종종 들렀다. 특별히 가르쳐 주는 사람은 없었지만 타고난 운동 신경 덕분인지 빠른 시간 안에 실력이 상당히 늘었다. 그 이후에도 종종 탁구를 치는 계기가 되었다. 그때 운동에 관심이 많았는지 읍내에 있던 태권도 도장에도 다녔다.

별 탈 없이 중학교 생활에 잘 적응하고 있던 2학년 학기말 봄방학 때 아버지께서 조용히 나를 불러 말씀하셨다.

"양호야, 너는 우리집 장남인데 네가 잘 되어야 동생들도 본을 보고 잘 성장할 거 아니겠니? 그러니 너도 이제 좀 더 넓은 도시로 나가 열심히 공부하도록 해라."

아버지께서는 나를 대구로 전학 보내 가르쳐야겠다고 생각하신 듯했다. 아버지 말씀에 따라 나는 정든 친구와 시골집을 떠나 대구 경복중학교로 전학을 가게 되었다. 생활은 대구 대봉동에 있는 친척집에서 지내기로 했다.

대구로 전학을 와서 보니 시골 중학교 때보다 공부 잘하는 친구들이 많았다. 처음에는 그들을 따라잡기 힘들었지만 열심히 공부한 결과 상위권에 진입할 수 있었다. 내가 고등학교 진학을 앞둔 시점에 교육제도가 바뀌어 고등학교에 들어가기 위해서는 연합고사를 치러야 했다.

학교에서는 그에 대비해 밤 10시까지 공부를 시켰다. 그때 열심히 공부히라고 격려하고 다독여 주시던 3학년 2반 김용관 담임 선생님이 생각난다. 선생님께서는 한창 놀고 싶어 할 나이에 공부에 매진해야 하는 우리들을 잘 이끌어 주셨다.

경복중학교는 협성재단으로 그 당시 경북예술고등학교와 나란히 붙어 같이 있었는데 창문 너머로 고등학교 여학생 누나들이 무용하는 모습을 호기심 어린 눈으로 봤던 기억도 생생하다. 또 하나 당시 진풍경의 하나로 기억되는 것은 골목길에 불량배들이 많이 진을 치고 있었던 것이다.

내가 기거했던 친척집은 수도산 밑에 있었는데 학교와도 멀지 않아 걸어 다니기에는 그리 어렵지 않았다. 골목길을 따라 학교를 오가다 보면 껄렁한 불량배들을 만나곤 했다. 가끔씩 학생증이나 돈을 빼앗기기도 해서 누렵고 부서워했던 기억이 난다. 그런 일들을 겪으면시 나의 유학생활은 시작되었다.

대구에서의 중학교 3학년 1년 간은 도시 생활에 적응하면서 연합고사를 준비하는 기간이었다. 경찰공무원으로 어려운 가운데도 잘 돌봐

주신 친척 내외분께 감사드린다. 또 친구처럼 같이 지내며 인생 상담도
해주고 말동무도 해준 당시 고등학생이었던 두 아재들에게도 고맙다
는 말을 전한다.

# 청운의 푸른 꿈을 안고

　　그 전까지만 해도 자기가 가고 싶은 고등학
교에 지원해서 실력대로 가는 입시 제도였다.
그런데 내가 고등학교에 진학할 때는 입시제도
가 확 달라졌다. 대구 지역 고교평준화 첫 해
를 맞아 시행된 연합고사를 통과해야 인문계
고등학교에 진학할 수 있는 자격이 주어졌다.
연합고사를 치르고 몇 번인지 기억은 나지 않지만 번호를 하나 받았던
기억이 난다. 나는 연합고사를 무사히 통과하고 추첨을 통해 서문시장
가까이 있었던 영남고등학교에 입학하게 되었다.

　　고등학교에 입학한 지 얼마 되지 않아 학교에서 또 다시 시험을 쳤는
데 우수 학생 선별고사였다. 그 당시 영남고등학교는 학교의 명성을 높
이기 위해 학생들을 좋은 대학에 보내고자 심혈을 기울였다. 일학년
때부터 우수 학생들만 모아 두 개의 특설반을 만들었다.

당시 특설반은 총 10학급 640여 명 중 전교 석차 120등 안에 든 학생들만 모아 구성했다. 나는 열심히 공부한 덕분에 특설반에 들어가게 되었다. 한번 특설반에 들어가면 자극이 되어 공부에 매진할 수밖에 없었다. 왜냐하면 120명 밖으로 밀리면 특설반에서 떨어져 나가는 수모를 겪어야 했기 때문이다.

매월 시험을 치고 나면 게시판에 석차가 공개되었다. 한 학기 평균 점수를 따져 등수 안에 들지 못하면 특설반에서 나가는 벌칙을 부여했다. 한 학기가 지나면 특설반에서 나가는 친구도 있었고, 새로 들어오는 친구들도 있었다. 나는 다행히 뒤쳐지지 않고 3년간 특설반에서 중상위권을 유지하며 열심히 공부했다.

영남고등학교에 입학해 1학년 2반을 배정받았다. 그때 담임 선생님이었던 구영상 선생님께서는 영어를 담당하셨다. 학생들이 열심히 공부하도록 여러 가지로 배려해 주시고 우렁찬 목소리로 "훌륭한 사람이 되기 위해서는 우선 열심히 공부해서 능력과 자질을 갖추어야 한다."고 훈계도 많이 해 주셨다.

영남고등학교 때 설악산으로 수학여행을 가서 친구들과 즐거운 한때를 보내며

선생님의 말씀에 힘입어 나는 고등학교 3년 동안 공부의 끈을 놓지 않았다. 내가 어린 시절 보낸 시골에서 볼 수 있었던 사람들은 대부분 농사를 짓는 사람이었고 학교에서는 선생님뿐이었다. 그래서 장래 희망이 처음에는 초등학교 선생님이 되고 싶었다.

그러다 중학교에 들어가면서 면서기나 군청 직원들이 마을에 와서 추곡 수매를 하거나 행정 지도를 하는 것을 보았다. 그러면서 막연히 행정가가 되면 세상을 바꿀 수 있을 거라는 생각이 들었다. 그런 생각들이 자연스럽게 공무원이 되어야겠다는 결심으로 이어졌다. 농촌의 현실을 변화시키고 세상을 더 잘 살게 하기 위해서 공무원이 되어 사람들에게 무엇인가 도움을 주어야겠다고 마음먹었다. 그때부터 줄곧 나의 꿈을 실현시키기 위해 노력했다.

장래에 대한 고민으로 진로를 결정해야 할 고등학교 시절에 누군가 공무원이 되려면 행정고시를 봐야 한다고 말해 주었다. 그 당시만 해도 입시제도에 대해 물어보거나 직업 선택에 관해 알아볼 곳이 별로 없었다. 고시 공부를 하려면 무조건 법대에 들어가야 하는 줄 알았다.

# 추억의 책갈피 속에는

영남고등학교에 입학해 2학년이 되자 10학급이던 우리 학년은 문과 4반, 이과 6반으로 갈라졌다. 나는 법대에 가기 위해서 당연히 문과를 선택했다. 그때부터 본격적인 입시 모드로 바뀌어 학생들은 치열하게 공부에 돌입했다. 학교에서도 우수한 학생들이 공부를 잘 할 수 있도록 독서실을 만들어 주었다. 독서실 옆에는 유도관처럼 매트리스가 깔린 큰 방이 있어서 이불을 깔고 잘 수도 있었다. 늦게까지 공부하고 바로 잘 수 있는 구조였다.

학교 수업이 끝나고 나면 독서실로 자리를 옮겨 밤샘 공부를 하고 다음날 새벽 6시쯤이 되어서야 집에 돌아가서 세수하고 다시 학교로 가는 강행군이 이어졌다. 밥 먹는 시간도 절약하기 위해 매일 도시락 두 개를 싸 갖고 다니는 규칙적인 생활이 2년 가까이 계속

되었다.

　힘든 하루하루였지만 학업의 만족도가 높은 날은 뿌듯한 보람도 느꼈다. 또 친구들과 하루 20시간 가까이 매일 함께 지내다 보니 동기들과의 친밀도는 그 무엇보다 높았다.

　학교의 배려에 따라 공부에만 집중하면 좋으련만 우리는 그렇지 못했다. 고민이 많은 나이에 인생에 대한 회의나 토론도 종종 이루어졌다. 학습 능률이 매일 좋은 것은 아니었기에 친구들 중에는 선생님 몰래 술을 사와서 학교 잔디밭에서 나누어 먹기도 했다. 일부는 담배도 피우는 등 조금씩의 일탈 행위들이 벌어지곤 했다. 나는 담배는 피우지 않았지만 농촌 출신이다 보니 술은 조금씩 먹을 수 있었다.

　학력고사가 얼마 남지 않은 어느 날, 꼬리가 길면 잡힌다는 속담처럼 학교에서 밤늦게까지 학생들이 모여 술 먹고 담배 피우다 선생님에

고등학교 시절 잊을 수 없는 고향 벗들과 함께

게 딱 걸린 것이다. 학생들의 본분을 넘어선 행동이 기어이 선생님에게 적발되고 말았던 것이다. 학교에서는 대책회의가 열렸고, 결과는 독서실에서 밤샘 공부하는 학생들의 전원 해산이었다. 학교에서는 늦게까지 학생들을 모아 놓으니 문제가 생긴다고 생각해 야간 취침을 금지시켰다.

친할머니 황현분

나는 그때부터 대봉동 자취방 근처 수도산 독서실로 자리를 옮겨 공부에 계속 매진했다. 사실 나는 고등학교에 들어간 이후 동생들이 대구로 전학을 오면서 방을 얻어 자취를 하게 되었다. 물론 내가 직접 밥을 한 것은 아니고 친할머니께서 오셔서 우리들을 뒷바라지해 주셨다.

친할머니께서는 6.25전쟁으로 남편을 잃고 30대 젊은 나이에 청상과부가 되셨다. 슬하에 3남 2녀를 두셨다. 농사를 지으시며 교육열이 대단히 높아 혼자서 자녀들을 모두 훌륭하게 키워내셨다. 맏이인 아버지의 손자들이 대구로 유학 오자 그 뒷바라지를 위해 대구까지 오셔서 5년이 넘도록 우리를 보살펴 주셨다. 친할머니께서는 이 일 저 일을 하며 자식들 공부시기고 손자들끼지 돌봐 주셨으니 혼자서 겪으신 세상 풍파가 얼마나 크셨을까. 지금은 고인이 되셨지만 할머니께서 베풀어 주신 헌신적 사랑과 은혜의 고마운 마음을 잊지 않고 있다.

영남고등학교 특설반에서 3년 간 중상위권을 유지하던 나는 대학은

서울로 진출하고 싶었다. 그때 진로 상담을 해주시던 선생님께서 법대 말고 다른 학과를 지원해 시험을 치면 서울에 있는 명문 대학에 충분히 붙을 수 있을 거라고 권유했다. 하지만 나는 의지를 굽히지 않았다. 사회를 변혁시킬 수 있는 공무원이 되려면 법대에 가야 되는 줄 철석같이 믿고 있었기 때문이다. 그러나 결과는 참담한 낙방이었다. 그 당시 서울로 진학하려고 동고동락한 동기들도 상당수 고배를 마셨다.

19살 내 인생의 최대 고비가 찾아왔다. 그때는 좌절감이 너무 커서 한동안 아무 일도 할 수 없었다. 몇 주를 혼자 자취방에서 처박혀 있었다. 삶이 무엇인지, 지금 자신이 무엇을 해야 하는지 등 여러 가지 고민으로 밤을 지새우는 나날들이 이어졌다. 부모님을 뵙기도 정말 죄송했다.

이대로 재수를 해야 하나, 아니면 공부를 포기해야 하나 복잡한 생각이 들었다. 수많은 고민 끝에 힘든 고3 생활을 또 다시 하고 싶지 않았다. 하루라도 빨리 내 인생의 꿈을 향해 뛰자는 생각으로 차선을 선택하자고 마음을 정했다. 그래서 당시 후기였던 영남대학교 법정대 행정학과로 진학했다. 법대를 가야만 공무원이 될 수 있다고 믿었기 때

영남고등학교 3학년 때 봄소풍을 가서 친구들과 함께

문에 법대를 포기할 수 없었다.

고등학교 시절에는 누구나 대학입시라는 공부의 중압감에서 쉽게 벗어나지 못한다. 그렇지만 고등학교 시절 추억의 책갈피 속에는 재미

있는 이야기도 곱게 숨어 있다.

고등학교 3학년 봄 소풍을 갔을 때의 일로 기억된다. 매일 반복되는 공부와 입시준비에 지쳐 있던 우리는 소풍가는 날, 소풍 대신 다른 곳에서 즐기자는 계획을 세웠다. 일단 학교 소풍 장소인 앞산까지 함께 간 후에 한 명씩 옆으로 빠져나와 시내 한일극장 앞에서 집결하기로 한 것이다. 우리는 계획대로 한 명씩 빠져나와 시내에서 영화를 보는 호사를 누렸다. 하지만 그 사실이 발각되어 다음날 담임 선생님으로부터 혼줄이 났던 기억이 떠오른다.

우리는 일탈의 짜릿함을 맛보았기에 웃으며 달게 처벌을 받았다. 지금 생각하면 들킬 게 뻔한 데도 과감한 행동을 결행한 걸 보면 참 어리석고 순진한 학창 시절이었다.

영남고등학교를 졸업하며

# 흑백회와 삼중당 문고

영남대학교 법정대에 입학해 꿈에 그리던 대학생이 되었다. 학기 초 여러 동아리에서 신입생을 영입하기 위해 기회 있을 때마다 홍보도 하고 동문이나 과 선배들도 동아리에 관해서 이야기해 주었다. 그러나 나는 선뜻 내키지 않았다. 좀 더 특별한 것이 하고 싶었다.

그래서 법정대 친구들과 '흑백회'라는 동아리를 만들었다. 세상의 어두운 부분을 좀 더 밝고 하얗게 변화시키고 싶다는 염원을 담아 바둑판 위의 검은 돌 흰 돌을 상징하는 '흑백회'라는 이름의 서클을 만들었던 것이다. 우리는 달리 모일 장소가 없어서 빈 강의실과 잔디밭에 앉아 바둑을 배우고 두기도 하며 이런 저런 세상 돌아가는 일을 이야기하면서 시국과 역사에 관해 관심을 갖고 토론을 벌이기도 했다. 그리면서 가끔은 친구들과 어울려 막걸리를 마시기도 하고 역사 관련 책과 사상 서적을 두루 탐독했다.

그 당시 사회 상황은 박정희 대통령 재임 시절인 유신시대 말기로 대통령이 부하에게 시해당하는 10.26사건이 발생할 만큼 격변기였다. 많은 친구들이 민주화를 열망하는 데모를 했고 나도 가끔 그 대열에 참여하기도 했다. 학생들이 한꺼번에 몰려 데모를 하다 보면 뒤에서 돌을 던지면 잘못하다 앞 사람이 맞는 해프닝이 벌어지기도 했다. 학교는 휴교령이 내려져 많은 시간 학교에 갈 수 없는 혼란한 시기였다.

한참 친구들과 많이 어울릴 때, 그 당시 대구 수성못 가에는 싼 막걸리 집이 많이 있었다. 혈기왕성한 시절이라 친구들과 막걸리를 마시며 그 당시 논란이 많았던 정치 상황에 대한 토론을 하다 보면 어느새 12시를 훌쩍 넘기는 때도 있었다. 호주머니 사정이 그리 넉넉하지 않았던 때라 한 번은 술값이 모자라 시계를 맡긴 일도 있었다. 그 시계는 아직도 그곳에 있으려나?

흑백회 친구들과 역사와 철학, 민주주의 발전에 관한 책들을 읽고 빈 강의실과 잔디밭, 대구 수성못이나 반월당에 있는 막걸리 집 곡주사에서 많은 시간을 보내면서 토론도 했다.

하지만 그런 방법에는 늘 한계가 있어 보였다. 시간이 흐를수록 '이렇게 해서는 안 되겠다'는 생각이 자꾸만 들었다.

나는 1학년 여름방학 때 사고의 폭을 넓히고 세상을 보는 안목을 기르기 위해서 책을 읽어야겠다고 마음먹었다. 독서

대학교 시절 친구들과 함께

에 대한 강한 갈망이 생겼던 것이다. 독서를 통해 내면의 깊이를 더하고 폭넓은 지식을 쌓고 싶어 체계적으로 책을 읽어 보기로 결심했다.

그런 나의 독서 열망에 딱 부합하는 책이 바로 삼중당 문고판이었다. 당시 책 좀 읽는다는 사람들 사이에서 선풍적인 인기를 끌었던 삼중당 문고판에는 철학, 역사, 정치, 경제, 문학 등 모든 분야에 걸쳐 다양한 내용을 두루 담고 있었다. 삼중당 문고판 책들은 나의 지적 호기심을 자극하는데 큰 도움이 되었다. 가난한 대학생의 호주머니 사정을 고려해서인지 저렴한 가격의 양서들만 모아놓은 휴대하기 좋은 손바닥 크기의 삼중당 문고 책은 더할 나위 없는 나의 벗이 되었다.

100권 정도 발행된 전 권을 다 읽어보리라 삭심하고 독서심매에 빠졌다. 그렇게 시작한 책읽기는 절반인 50권을 독파하는데 머물렀지만 책 너머의 세상을 체험하게 했고, 나의 지식 욕구를 채워 주기에는 충분했다.

그때 함께 고민하며 흑백회 활동을 했던 친구 중에는 일본에서 대학 교수로 재직하고 있는 조원제, 행정고시 출신으로 법제처에서 일하고 있는 김대희, 사법고시에 합격하여 변호사인 김섭, 그리고 박수길, 권재중, 김춘수 등이 있다. 그 친구들과 함께 한 나의 대학 시절은 고민이 많았던 순간들이었지만 어쩌면 세상을 바꾸어야 한다는 새로운 명제를 가슴에 품게 한 소중한 시간들이었다.

지리산 천왕봉에서 친구들과 함께

# 행정고시에 도전하다

대학교에 입학해 고삐 풀린 망아지처럼 친구도 사귀고 미팅도 하고 세상사를 토론하고 책도 읽으며 보냈다. 1학년이 지나면서 세상을 변화시키고 싶다는 나의 꿈은 자연스럽게 행정고시라는 큰 관문을 넘어야 하는 숙제로 이어졌다. 입학 당시 영남대학교 교양학부는 대구시 대명동(지금의 영대병원 자리)에 있었다.

그래서 2학년 1학기 중반에 들어서면서 행정고시에 도전하기로 마음을 굳히고 공부를 시작했다. 2학년 여름에 치르진 행정고시 1차 시험에 처음으로 도전장을 내밀었다. 결과는 낙방이었다. 연습 삼아 쳐 본 시험이지만 낙방의 고배를 마셔 보니 허술하게 공부해서는 안 되겠다는 생각이 들었다. 공부를 어떻게 해야겠나는 좋은 경험을 얻었다.

2학년 2학기가 시작되자 본격적으로 학교 도서관에서 머리를 싸매고 고시공부를 시작했다. 도서관에는 밤 11시에 문을 닫았다. 그 시간이 가까워지면 경비 아저씨가 나가라는 눈치를 주었지만 나는 마지막 일 분 일 초라도 더 공부하려고 안간힘을 썼다. 여기저기서 책을 정리하고 아저씨의 독촉이 한 번 더 있은 후에야 도서관을 나가곤 했다. 도서관을 나서면서 '오늘도 최선을 다해 열심히 했어'라고 스스로를 응원하며 밤하늘에 반짝이는 별빛처럼 목표를 이루어 세상의 빛이 되리라 수없이 되새겼다.

방학이 되어 시골집으로 내려와서는 아예 집 근처에 있는 수다사, 대둔사 등 사찰로 고시공부를 하러 갔다. 아무래도 집보다는 사찰에서 공부하면 잡념이 덜하고 집중할 수 있었기 때문이다. 그렇게 방학을 보내고 학기가 시작되면서 다시 도서관을 찾아 공부하는 도서관 지킴이가 됐다.

3학년이 되어 다시 행정고시에 도전했다. 그 당시 행정고시는 1차(객관식 5과목), 2차(논술형 7과목), 3차 면접시험으로 구성되어 있었다. 1차와 2차 시험에 합격하면 그 다음에 시험을 면제해 주었다. 다행히 객관식인 1차 시험을 무사히 통과했다. 그러나 논술형 시험인 2차에서는 고배를 마시고 말았다. 그래도 한 가지 희망적인 것은 다음 시험 때는 2차 시험만 치면 되니까 조금의 위안은 됐다.

그래서 그 다음 해인 4학년 가을까지 1년 가까운 시간을 2차 시험 7과목만을 집중적으로 공부했다. 그렇지만 2차 논술형 시험은 의외로 어려웠다. 1년 간 있는 힘을 다해 공부했지만 낙방이었다. 나중에 결과를 알아보니 합격선에서 0.5점이 모자랐다. 합격 커트라인이 52.50점인

대학교를 졸업하며

데 내 점수는 52.00에 머물렀던 것이다.

　나중에 알게 된 사실이지만 그해 최고 점수는 60점대로 대부분 응시자들이 커트라인 주변에 몰려 있었던 것이다. 나도 그 중에 한 사람이었다. 0.5점 때문에 1년이 걸릴지 2년이 걸릴지 아니면 영영 합격할 수 없을지도 모르는 공부를 또 해야 한다고 생각 하니 앞이 막막했다. 게다가 1차 합격 유예기간이 끝나 다음 시험은 다시 1차 2차 시험 모두 새로 치러야 해서 부담은 더 커졌다.

　약간의 방황과 고민은 있었지만 여전히 공무원의 길을 가야 한다는 나의 목표와 신념에는 변함이 없었다. 청렴한 공무원이 되어 농촌과 사회를 변화시킬 수 있는 기회를 얻고 싶은 갈망에는 조금의 흔들림도 없었다.

# 도전 그리고 성공

　행정고시 낙방의 고배를 마시고 다시 마음을 다잡았다. 또 한 번 떨어지면 군대에 가야한다는 부담이 나를 억누르기 시작했다. 2년 공부도로아미타불이 되면 어쩌나 하는 불안한 마음과 불확실한 미래였지만 그래도 내가 할 수 있는 일은 최선을 다해 공부하는 것이라 생각하고 공부에 매달렸다. 학기 중에는 강의를 듣고 주로 도서관에서 죽치고 앉아 공부를 했지만 주위의 여러 가지 유혹들로부터 자유로울 수는 없었다.

　방학이 되면 사찰을 찾아 또 고시 공부에 집중했다. 한번은 방학 때 고시 공부하는 친구 두 명과 함께 청도 운문사 말사인 북대암으로 공부하러 갔다. 북대암에는 고시생을 위한 빙이 3개 있었는데 하숙을 하듯이 방 하나씩을 차지해서 책과 씨름하며 공부했다. 북대암에서 방학 동안 집중 공부를 했다. 사찰이라고 해서 항상 공부가 잘 될 수는 없었다.

공부가 안 되고 번뇌가 휘몰아칠 때는 사찰 아래쪽에 있는 솔밭에서 막걸리를 밤새 마시며 스트레스를 해소했다. 그 당시 북대암은 운문사 가기 전 가파른 옆길로 올라가는 조금 외진 산 중턱에 위치해 있었다. 아래쪽 솔밭에서 올라가는 길은 매우 위험하고 옆으로 떨어지면 낭떠러지가 있는 험한 곳이었다.

한번은 친구들과 늦은 시간에 솔밭에서 사찰로 올라가다가 그만 옆으로 넘어져 버렸다. 한참을 굴러 친구의 도움을 받아 겨우 방으로 돌아왔다. 다음날 보니 꼬리뼈 있는 부분이 심하게 아팠다. 자칫 잘못했으면 목숨을 잃을 뻔한 아찔한 순간이었는데 참으로 다행이었다. 그런 일을 겪으면서 다시 심기일전해서 공부에 집중했다.

그 당시에는 매년 만 명 이상 행정고시에 도전했다. 최종 합격하는 사람은 약 100명 조금 넘었으니 100대 1의 경쟁을 뚫어야 했다. 고시에 계속 도전하다 보면 자칫 나이가 많아지고 나이 30살이 넘으면 회사

행정고시 합격을 축하하며 열린 동민잔치에서

취직도 어려워져 결국 고시 낭인이 되는 수도 있었다. 고시에 합격하기가 그렇게 어려웠고 장래에 합격한다는 보장이 없는 공부를 계속한다는 것은 심리적으로 정말 어려운 자신과의 싸움이었다.

군 입대가 코 앞에 다가와 잘못하다가는 지난 2년 여 간의 공부가 물거품이 될 것 같아 대학원에 진학했다. 진학 후에도 고시 공부를 이어나갔다. 정말 마지막 기회라고 생각하고 죽을 힘을 다해 공부했다.

그 당시 나는 더 이상의 실패란 내 사전에 없다는 각오로 마지막 있는 힘을 다해 공부했다. 매일 시간표를 짜서 마치 기계처럼 계획한 대로 움직였다. 일어나는 시간, 밥 먹는 시간, 공부하는 시간, 운동하는 시간을 정해 놓고 규칙적으로 생활했다.

사실 다른 일도 그렇겠지만 수년간의 노력이 필요한 고시 공부는 책과의 싸움이 아니라 자신과의 싸움이고 체력과의 싸움이다. 잠을 줄여가며 공부하는 것은 체력이 없어서는 안 되는 중노동이었기에 내가 선택한 운동법은 줄넘기였다. 매일 하루 3천 개 정도를 뛰면서 체력을 단련시키며 공부한 결과, 1982년 12월 30일 행정고시에 최종 합격했다. 한 해에 1차, 2차, 3차까지 한꺼번에 통과하는 영광을 얻었다. 날아갈 것 같은 기분이었다.

제 26회 행정고시에 합격한 이후 고향 마을에서 동민들을 모시고 축하잔치를 열었다. 그 당시 최종윤 선산군수도 부모님과 함께 나를 군청으로 초청해 축하 선물로 문방사우인 붓, 벼루, 먹을 주시며 축하해

주셨다.

내가 고시 합격에서부터 지금까지 잘 지내는 것은 부모님의 치성 덕분이다. 여느 부모님의 마음이 다 똑 같겠지만 부모님은 내가 고시 공부를 시작했을 때 공부에 방해가 되지 않도록 많은 배려를 해주셨다. 가끔 절에 가서서 기도를 드리기도 하고 시험이 다가오면 온 정성을 다하셨다. 지금의 내가 있기까지 부모님의 정성은 이루 말할 수 없이 크다. 그동안 기약 없는 고시 공부를 묵묵히 뒷바라지 해주신 부모님과 가족들에게 감사드린다.

선산군청에서 최종윤 선산군수의 고시합격 축하를 받으며(1983년)

# 나의 공부 비법

제26회 행정고시 합격증서
(1982. 12. 30)

공부하는데 비법이라는 게 있을까? 고시 생들이 구독하는 고시계, 고시연구라는 월 간지가 있다. 주로 고시 합격자들의 체험기, 공부 방법, 기출 문제 등을 내용으로 담고 있다. 다른 학생들도 그렇겠지만 오랜 시간 동안 고시 공부를 하다 보면 일종의 공부 요령이 생긴다. 나도 내 나름의 공부 비법이 생겼다. 행정고시를 준비하면서 내가 공부 했던 나만의 공부 방법을 몇 가지로 정리해 보겠다.

첫째는 규칙적인 생활이다. 초등학교 나닐 내 학교에서 하루 일과표 를 짜서 내라는 숙제가 있었다. 이것처럼 하루 일과표를 만들어 규칙 적으로 움직이는 것이 필요하다. 그래야 과목당 시간 안배 등 계획적 이고 체계적인 공부가 된다. 고시는 과락 제도가 있어서 평균이 합격

점을 넘어도 한 과목이라도 40점 이하를 받으면 불합격이 된다. 특히 논술형 2차 시험에서는 큰 부담이 아닐 수 없다. 2차 시험은 과목당 두 시간이고 통상 세 문제가 출제 된다. 50점 짜리 한 문제 30점, 20점 짜리 각 한 문제다. 그런데 50점 짜리를 제대로 못 쓰면 과락을 의심하게 된다. 다른 과목을 아무리 잘 보아도 불합격되기 때문에 골고루 성적을 잘 받으려면 공부 전략이 반드시 필요하다.

둘째는 체력 관리이다. 고시 공부는 수년이 걸리는 지구전이기 때문에 체력 관리가 굉장히 중요하다. 그래서 규칙적인 운동이 필요하다. 나의 경우에는 짧은 시간에 운동 효과를 높일 수 있는 줄넘기를 주로 했다. 공부하다 머리도 식힐 겸 매일 30분 정도 줄넘기를 했다.

셋째는 난이도 구분이다. 행정고시는 1차와 2차 그리고 3차 면접으로 구분된다. 1차 시험은 객관식 다섯 과목으로 하루 만에 모두 시험을 본다. 오전 10시부터 오후 4시까지 전 과목을 보기 때문에 아무리 암기력이 좋은 사람도 수천 페이지에 달하는 내용을 모두 기억할 수는 없는 노릇이다. 결국 시간과의 싸움이다.

그래서 객관식 문제를 풀 때는 꼭 다시 볼 것 ○표, 다시 안 봐도 되는 것 ×표, 그리고 중간 정도의 중요도에는 △표로 표시를 해 두는 것이다. 두 번 다시 안 봐도 되는 문제까지 보느라 시간을 허비할 필요는 없기 때문이다. 특히 이 방법은 시간이 부족한 시험 전날 복습하는데 아주 유용하다.

다섯 과목에서 과목당 공부해야 할 내용이 4백 쪽이라면 약 2천 쪽을 하루만에 모두 볼 수 있다면 시험에 매우 유리한 것이다. 시험 전 여러 번 반복해서 공부한 것 중 시험 당일에는 다시 ○표된 곳을 집중적으로 살펴보면 시간을 줄일 수 있다. 나는 시험이 가까워지면 짧은 시간에 표시한 부분만 집중 공략해서 공부했다. 그 결과는 매우 효과적이었다.

넷째는 한 권의 책으로 정리하기이다. 행정고시의 2차 시험은 논술이다. 논술 시험도 같은 맥락에서 공부했는데 여기서는 공부 정리가 매우 중요하다. 나는 일차로 여러 권의 학습 교재를 보고 그들 책에서 서로 다른 주장이나 견해를 가려 뽑아서 한 권의 책으로 만들었다. 모두 중요한 책이지만 시험에 임박해서는 한꺼번에 다 볼 수 없기에 중요 내용만 오려서 두툼한 한 권의 책으로 다시 엮었던 것이다. 그렇게 되면 한 권의 배불뚝이 책이 나오게 된다. 그렇게 내 나름으로 만든 책을 갖고 다니며 공부했다. 그 책을 다시 난이도에 따라 표시를 해 두는 것이다.

2차 시험은 하루에 두 과목씩 시험을 치는데 이렇게 한 권으로 정리된 책으로 승부를 걸었다. 마지막 순간에는 난이도와 중요도 표시에 따라 하루 만에 모두 볼 수 있도록 정리하는 것이 관건이었다. 결국 시험 공부는 짧은 시간에 체계적으로 정리된 내용을 어떻게 다 머릿속에 담아내느냐에 달려 있다. 나의 공부 비법도 수많은 밤들을 도서관에서, 산 속 사찰 골방에서, 고시촌에서 시행착오를 겪으면서 얻은 결과이다.

꿈 많고 호기심 가득했던 20대 초반에 고시 공부에 매달려 모든 잡생각을 미뤄 버리는 게 얼마나 힘든 일일까? 고시 공부가 얼마나 어려웠으면 공부에 집중하기 위해 별별 묘책이 다 나왔다. 나는 책상 위에 부모님 사진과 '나는 할 수 있다'라는 신념 담긴 글을 붙여 놓고 흐트러지려는 마음을 다잡고 다시 도전에 도전을 거듭했다.

어떤 친구는 스님처럼 머리를 확 깎아버리는 친구도 있었고, 더 심한 친구는 눈썹까지 밀어 버리기까지 했다. 공부에 전념하기 위한 방편이지만 그때는 청춘을 불사르며 치열한 시간을 보냈기에 좋은 결과를 얻을 수 있지 않았을까.

더 멋진 세상으로 나아가기 위해, 세상과 멀어지기 위해 몸부림쳤던 시간이 내 인생에서 더없는 밑거름이 됐음은 당연지사다. 그때의 하루하루는 고통의 나날이었지만 지금 생각하면 가장 보람된 인생의 황금기가 아니었을까. 왜냐하면 오로지 공부에만 전념할 수 있었으니 어찌 보면 가장 행복한 시간이었는지도 모르겠다.

# 첫 발령과 군대 생활

　1982년 12월 30일 제 26회 행정고등고시 합격증을 받았다 곧바로 총무처에서 연락이 왔다. 경기도 과천에 있는 중앙 공무원교육원으로 와서 교육을 받으라는 통지였다. 중앙 공무원교육원은 지금은 국가인재개발원이라는 이름으로 바뀌었지만 아직도 사무관 이상 중앙 공무원을 교육시키는 곳이다.

　행정고시에 합격하면 이곳에서 공무원으로서 갖추어야 할 소양 교육, 실무 교육을 포함하여 1년간 수습 공무원 생활을 하게 된다. 처음 3개월은 합숙을 하면서 교육을 받고, 다음 3개월은 본인이 바라는 지방자치단체로 가서 현장 실무 교육을

하게 된다.

나는 당연히 내 고향 구미가 있는 경상북도로 교육을 신청했다. 그리고 마지막 6개월은 본인이 근무하고 싶은 기관에서 교육을 받았다. 나는 처음부터 농림부를 지원했다. 농촌을 위해 일해 보겠다는 어릴 적 꿈을 펼칠 수 있는 곳이라 믿었기 때문이다.

경상북도청에서의 수습 기간 3개월은 도청과 자신이 희망하는 시·군청에서 이루어졌다. 나는 고향인 선산군청 내무과에서 수습 생활을 했다. 그 당시 내무과장님과 최화영 계장님의 따뜻한 배려로 현장도 방문하고 회의도 참석하고 출장도 같이 다니고 보고서도 썼다.

그렇게 1년 간의 연수가 끝나고 처음 발령 받은 곳은 부산에 있는 국립농산물검사소 경남지소로 서무과장의 직함을 얻었다. 1984년 3월, 그렇게 나의 공직 생활은 시작되었다. 공무원 생활에 적응해 가는 동안 나에게는 남은 숙제가 하나 있었다. 행정고시 때문에 미뤄왔던, 바로 대한민국 남자라면 누구나 가야 하는 군 복무였다.

나는 행정고시를 통과했기 때문에 장교로 갈 수 있는 자격이 주어졌다. 하지만 장교는 복무 기간이 너무 길었다. 하루라도 빨리 공무원 생활에 뛰어들고픈 마음이 있어 일반 군인의 길을 택했다. 그렇게 1984년 11월 논산훈련소로 들어가 논산의 세찬 겨울 바람을 맞으며 대한민국 육군 훈련병으로서 교육을 받았다. 4주간의 교육이 끝나는 날 저녁 식사 후 모든 훈련병들이 연병장에 모여 다음 배치 장소를 기다렸

행정고시 합격 후 연수 시절 동기생들과 함께

다. 나는 많은 훈련병들과 함께 야간열차를 탔고 기차는 북쪽으로 향
해 달려가고 있었다.

대전역에서 차량 몇 개가 떨어져 나가고 내가 탄 열차는 계속 북쪽
으로 달려 용산역에 다다랐다. 더 북쪽으로 가는 동기들을 바라보며
용산역에 내린 후 정처 없이 대합실에서 기다렸다. 아침 나절이 되어서
야 나를 부르는 목소리를 따라 마침내 내가 앞으로 근무해야 할 부대
의 사령부에 도착했다. 사령부에서 며칠 간 대기를 하다가 배치 받은
곳은 강원도 화천군 사내면 사창리에 있는 부대였다. 화악산 아래 위
치한 관계로 혹독한 겨울을 보냈다.

　나는 이곳에서 행정병으로 근무를 했다. 군대 생활을 하는 동안 군에서는 특이하게 스케이트를 배웠다. 다른 부대도 마찬가지겠지만 매주 수요일은 오전에는 정신 교육을 하고 오후에는 전투 체육을 했다. 오전에 하는 정신 교육 시간에 마땅히 강의할 사람이 없을 때는 내가 차출되어 그 당시 유행하던 매판자본론, 종속이론 등을 포함한 경제 관련 내용을 가르치기도 했다. 오후에는 체육 시간을 가졌는데 주로

축구를 했다. 강원도의 경우, 겨울이 되면 20~30cm 이상 눈이 쌓이는 바람에 축구를 할 수 없었다. 그럴 때면 사단에서 공병대를 동원해서 흐르는 시냇물을 막아 스케이트장을 만들었다.

우리 내무반에서도 단체로 스케이트를 사서 너나 할 것 없이 스케이트를 탔다. 그런데 대전 이남 사람 중에 스케이트를 잘 타는 사람은 별로 없었다. 나도 스케이트를 처음 접하기는 마찬가지였다. 다행히 강원도 출신 중에 스케이트를 잘 타는 친구들이 있었다. 나는 강원도에서 두 해 겨울을 보내면서 스케이트를 배웠다. 그때 우리 부대에서 스케이트 대회를 열어 휴가를 보내주는 등 장병들 체력 향상을 위해 재미있는 기획을 한 것으로 기억하고 있다.

군대 생활을 한 강원도 화천은 정말 추웠다. 위병소에는 온도계가

있었는데 가장 아래쪽 눈금이 영하 20도였다. 하지만 아침에 춥다고 느껴져 온도계를 보면 20도 아래로 내려가 있는 경우가 허다했다. 눈금을 어림잡아 헤아려 보면 영하 27도 쯤인 경우가 많았다. 아침에 포근하다고 생각해도 온도계를 보면 항상 영하 20도 정도였다.

얼마나 추웠으면 밤에 위병소 근무를 하다 눈밭에 소변을 보면 아래쪽 20센티미터 정도는 휘어서 얼어버릴 정도였다. 정말 춥고 힘든 군대 생활이었지만 전우가 있었기에 1986년 11월 건강한 모습으로 무사히 군 복무를 마칠 수 있었다.

대한민국 남자라면 누구나 나라를 위해 군 복무를 해야 할 의무가 있다. 그것을 회피하거나 편법으로 넘어가지 않고 정정당당하게 마칠 수 있었던 것에 오히려 감사한다. 나는 군 제대와 함께 입영 전 근무지였던 부산에 있는 국립농산물검사소 경남지소로 다시 발령을 받았다. 납득하기 어려운 인사였지만 달리 도리가 없었다.

# 수신제가 치국평천하

나는 처음에는 대구에서 부산 사무소까지 열차를 타고 출·퇴근을 했다. 동대구역에서 6시 50분 기차를 타면 부산역에 8시 20분 도착해서 초량동에 있는 사무실까지 걸어서 10분 정도면 충분했다. 출근은 별 문제가 없었는데 퇴근 때는 여러 가지 변수가 생겼다. 저녁 약속이 생기거나 회식이 있는 날이면 막차를 타고서야 겨우 돌아올 수 있었다. 밤늦게 돌아와 다시 아침 6시 이전에 일어나야 하는 일이 빈번해지자 피곤이 자꾸만 쌓이고 길에서 허비하는 시간이 너무 많았다. 하는 수 없이 부산 사무소 근처 초량동에 있는 부산고등학교 앞에서 하숙을 시작했다.

친구도 별로 없는 부산에서 혼자 하숙을 하다 보니 여가 시간에는 심심하기도 하고 자기 계발을 해야겠다고 생각했다. 그때 취미로 붓글씨를 배우러 다녔다. 마음을 닦는 취미 중에 붓글씨만한 것이 있을까. 성현들의 좋은 글귀를 적으며 이리저리 요동치는 마음을 잠재우는 수

양의 한 방법으로 붓글씨 쓰기는 정말 좋은 도구였다.

붓글씨와 함께 가진 취미는 테니스 치기다. 당시에는 직장인들이 테니스 치는 게 유행이었다. 나도 동료들과 함께 점심 시간을 이용해 열심히 테니스를 쳤다. 매일 12시가 되면 40~50분 정도 먼저 테니스를 치고 점심을 먹곤 했다. 그러다 주말이 되면 테니스장을 빌려 동료들과 테니스를 즐기기도 했다. 그때 집중적으로 테니스를 치면서 체력을 길렀던 게 건강을 유지할 수 있었던 비결이 되었다.

그렇게 부산에서 별 탈 없이 직장 생활을 하고 있던 어느 날, 아버지께서 조용히 나를 부르셔서 말씀하셨다.

"양호야, 너는 이제 직장도 얻고 나이도 찼으니 결혼해야 되지 않겠니? 남자는 결혼을 해야 보다 안정적인 생활을 할 수 있고, 그래야 비로소 어른이 된단다."

아버지의 말씀을 거역하는 것이 불효라는 생각이 들었다. 아버지의 고향 친구 중에 계명대학교 교수님이 계셨다. 그분이 아는 친구 중에 결혼 적령기의 딸이 있다고 해서 소개를 받았다. 양가 부모님이 아는 처지인 데다 몇 번의 만남을 통해 서로 연분이란 확신이 들었다.

짧은 연애 기간이었지만 나와 아내의 믿음과 의지 덕분에 빠른 결혼식을 올릴 수 있었다. 결혼할 당시 나는 행정고시를 통과하고 첫 발령 중에 군대까지 다녀왔으니 그 당시로는 결혼이 조금 늦은 만 스물여덟 살이었고, 아내는 나보다는 네 살 아래인 스물네 살이었다. 나도 2남 3녀의 맏이였는데 아내도 3녀 1남의 맏이여서 두 사람 모두 기본적인 책임감과 성실함을 가지고 있었다.

1987년 3월 영남대학교 법대 이창우 교수님의 주례로 반월당 근처에 있는 고려예식장에서 일가 친척을 모시고 결혼식을 올렸다. 결혼식을 마치고 2박 3일 일정을 잡아 제주도로 신혼여행을 갔다. 누구니 그렇듯이 살아가면서 가장 기뻤던 때는 역시 신혼여행 갔을 때가 아닐까. 직장에서 공식적인 휴가를 받아 주머니에 넉넉한 여행 경비를 넣어 사랑하는 아내와 행복한 시간을 보낸 그때가 지금도 그립다. 한 가지 아

제주도 신혼여행에서

쉬웠던 것은 신혼여행 때 양복을 입고 가야 하는 줄 알고 여행 내내 양복을 입고 다닌 것이다. 그 촌스러운 모습의 사진을 보면 지금도 웃음이 난다.

아내는 매사에 신중하며 남에 대한 배려심이 깊다. 남편이 공무원의 직분을 잘 수행하도록 나서기보다 묵묵히 뒤에서 내조하는 편이다. 아내는 산업디자인을 전공해 지금도 그림 그리기를 즐긴다. 돌이켜 생각해 보면 그동안 내가 공직 생활을 잘 수행할 수 있었던 것도 아내의 내조 덕분이었던 것 같다. 항상 밝은 얼굴로 내 마음을 편안하게 해 주고 말없이 집안 살림을 잘 꾸린 탓에 아무 탈 없이 여기까지 온 게 아닐까 하는 생각이 든다. 그런 아내가 참 착하고 한없이 고맙고 사랑스럽다. '수신제가 치국평천하'라는 말이 있지 않은가. 항상 그 자리에서 공직자인 남편이 일에 전념할 수 있도록 묵묵히 뒷바라지해 준 아내가 있었기에 오늘의 내가 있다고 믿는다.

나는 결혼 후 다시 농림부가 있는 과천 본부로 발령을 받았다. 과천에서 신혼 살림을 시작하려고 집을 구하러 다녔다. 그때가 88올림픽이 개최되기 한 해 전이었는데 집값이 하루가 다르게 내리고 있어서 전세가와 매매가가 거의 비슷한 수준이었다. 18평짜리 주공아파트 전세가가 1천7백만 원이었고, 매매가가 2천만 원쯤 되었다. 더구나 전세 물량은 별로 없었다.

나는 어려운 형편에 무리해서 과천 주공아파트 2단지 18평짜리를 얻어서 신혼 생활을 시작했다. 그런데 반전이 있었다. 1987년 연말에 대통령 선거가 끝난 후부터 집값이 오르기 시작했다. 1988년 말 즈음에는 집값이 올라 2천만 원이었던 집값이 4천만 원이 되어 있었다.

그때 첫 아이를 얻어 조금 큰 집으로 이사 가야겠다는 생각에 2단지 18평 아파트를 팔고 그 옆에 있는 주공 4단지 28평으로 옮겼다. 그 후 다시 주공아파트를 팔고 현재 살고 있는 안양 집으로 이사했다. 지금까지 공직 생활 30여 년을 하면서 세 번의 해외 근무를 위해 해외 이사를 세 번 한 것을 빼면 국내에서는 이사를 딱 두 번 했다.

# 아들·딸 바보 아빠

결혼한 다음 해인 1988년 6월에 첫 아들을 얻었다. 아들은 세상이 온통 축제로 들떠 있었던 때 태어난 88올림픽둥이다. 100일도 안 된 아이를 안고 올림픽 경기를 구경하러 다니던 모습이 선하다. 그 당시 관중이 적은 다소 인기 없는 종목은 관람권을 구하기도 쉽고 사무실에서도 권하여 체조경기장 등 잠실 올림픽 경기장을 오갔던 기억이 생생하다.

아들은 온순하고 명석한 편이다. 친구들과도 잘 어울리고 학교 생활

첫 아들을 안고

아들의 첫 돌을 맞아

도 잘 적응하며 별 탈 없이 잘 자라주었다. 내가 해외 근무를 할 때는 함께 마라톤 대회에도 참가하고 여행도 같이 하며 부자지간의 소중한 시간도 많이 나누었다. 한국과 해외로 이리저리 학교를 옮겨서 적응하는데 어려움은 있었지만 그래도 반듯하게 잘 성장해주어 고맙다.

아들은 어릴 때 파리에서 3년간 외국인 학교에 다녀서 영어는 잘 했다. 한국에 와서는 과천외고에 입학해 서강대에 진학했다. 내가 외교통상부 주미 대사관 근무로 미국으로 갈 때 한국에서 다니던 대학을 그만두고 미국에 있는 학교로 옮겨 버지니아주 샤롯츠빌에 있는 버지니아주립대학(UVA)을 졸업했다.

미국에서 함께 살 때는 외교관이라 내국민 대우를 해주어 그 나라의 학생들과 같이 학비 부담이 적어 별 걱정이 없었다. 그런데 마지막

학년을 앞두고 내가 귀국하고 아이가 군에 입대하는 바람에 나중에 복학한 대학 4학년 한 해 동안은 학비가 곱절은 뛰어 부담이 되었다.

아들 준혁이와 함께(1993년)

그때는 미국에서 공부하는 것이 국제 감각도 키우고 어학 실력도 높여 한국에서 취업하는 데도 도움이 될 것 같았는데 지금의 현실은 그렇지 못해 아들에게 미안한 생각이 든다. 지금은 회사원으로 충실하게 자신의 길을 잘 가고 있다.

내가 해외 근무를 자주 하다 보니 둘째는 터울이 많이 생겨 1994년에야 딸을 얻을 수 있었다. 막내라서 그렇기도 하지만 예쁜 딸을 얻었을 때의 기쁨은 지금 생각해도 입가에 절로 미소가 지어진다. 움직이고 말하고 숨 쉬는 일거수일투족이 눈에 넣어도 안 아플 것 같은 딸이 올해로 24살 숙녀로 성장했다.

딸 아이는 내가 해외 파견 근무로 한국과 외국 학교로 옮겨 다니는 바람에 적응하는데 여간 애를 먹은 게 아니다. 파리에서 유치원을 마치고 한국에 돌아오니 한글 어휘력 공부가 안 되어서 다시 유치원을 다니며 한글을 깨쳤다. 간신히 초등학교에 입학해 학년이 올라가면서 적응될 무렵에 또 다시 미국으로 갔으니 다시 미국 학교 생활에 적응하기가 쉽지 않았다.

미국 학교 생활에 적응할 즈음에 다시 한국으로 돌아와 대학에 가려고 하니 또 다른 난관에 부딪쳐서 어려움을 겪었다. 다행히 영어 특기생 수시로 서울에 있는 대학교에 진학해 자신이 하고 싶은 일을 찾아 개척해 가는 모습이 대견스럽다.

미국에 있을 때 딸 화진이와 함께

딸 아이는 막내라 그런지 어린 아이들을 유독 귀여워하고 동물을 좋아한다. 매사에 민첩하고 발랄한 딸은 지금도 나의 귀여움을 독차지하고 있다. 나도 요즘 말하는 딸 바보인가 보다.

프랑스와 미국에서 두 아이를 공부시키면서 느낀 점이 많다. 서양의 교육은 천천히 느리게 진행한다. 한국 학생들이 서양에 가면 처음에는 너무 앞서간다. 그러나 외워서 풀기 때문에 창의력이

군대 간 아들 준혁이와 함께

필요한 대학에 가거나 연구원이 되어 새로운 창의력을 발휘할 시점에
가면 그들을 따라잡기 어렵다. 외국 교육은 기본적으로 원리를 가르치
는 데 중점을 둔다. 학생들에게 스스로 문제를 풀이하는 방법을 깨우
치게 만드는 교육이다.

　서구식 교육은 시간은 많이 걸리지만 마지막에는 좋은 성과를 만든
다. 입시가 급하고 석사 학위, 박사 학위 따기가 급한 우리나라 학생들
과는 차원이 다른 공부를 하는 것이다. 우리나라의 교육에서는 사과
가 왜 아래로 떨어지는지 궁금해 하는 사람이 많지 않다. 하지만 괴짜
들이 결국 노벨상을 받고 훌륭한 성과를 만들어내는 것이다.

학원에 가서 문제 하나를 더 맞히는 것보다 학교 공부가 끝나고 나면 운동도 하고 특기를 살리는 쪽으로 교육 방향 전환이 필요하다. 운동을 하면 우선 체력을 키울 수 있고 게다가 인성적인 면에서도 규칙을 지키고 정정당당히 경쟁하는 룰과, 팀웍(team work)을 배우게 된다. 체력을 키워야 공부하고 싶을 때 정말 열심히 해 볼 수 있다. 우리나라에도 그런 교육 풍토가 절실히 필요하다. 우리 교육도 행복한 미래 사회를 만드는 근본 정신을 가르치는 것이었으면 좋겠다.

가족과 함께(1996.6.9)

# 만능 스포츠맨, 징기스칸을 존경하다

　나는 만능 스포츠맨이라 불릴 정도로 운동을 좋아한다. 초등학교 때는 축구선수를 했고, 중·고등학교 때는 탁구, 야구, 배구를 즐겨했다. 대학 때는 테니스를 독학으로 배웠고, 국립농산물검사소 경남지소에 근무할 때는 매일같이 테니스를 치기도 했다.

　태국 AIT(아시아공과대학)에 다닐 때는 혼자 골프를 배웠다. 학교 안에 무료로 칠 수 있는 체육시설 골프장이 있었기 때문이다. 미국에 있을 때는 포토맥 강가를 달리는 모임이라 해서 '포달모' 회원으로 워싱턴DC 포토맥 강변을 3년 이상 매주 3회 정도 달리기도 했다. 워싱턴DC에서 봄에 열리는 워싱턴 벚꽃축제 마라톤 대회(Cherry Blossom 10mile Run)에 나가서 첫 해인 2008년에는 10마일(16㎞)을 1시간 34분에 완주했다. 2009년 두 번째 참가했을 때는 1시간 30분 돌파를 목표로 했는데 결국 그날 몸 상태가 좋지 않아 1시간 32분에 들어온 적이 있다.

아들과 함께 워싱턴 벚꽃축제 마라톤 대회에 출전하여(2008. 6. 4)

요즘은 시간 내기가 힘들어 집 근처에서 등산을 하거나 시간이 안 맞으면 강아지를 데리고 주변 산책을 즐겨한다. 스포츠를 즐겨한 덕분에 중년에 접어들었지만 체력적으로 강인한 편이다.

나는 수많은 역사 인물 중에 징기스칸을 존경한다. 일이 잘 풀리지 않아 고민이 많았을 때 끝없이 넓은 초원을 달리는 징기스칸이 나의 마음을 붙잡아 주었다. 김종래가 쓴 징기스칸에 관한 책을 읽고 무척 감명을 받아 그를 존경하고 따르려 했다. 그 후에도 징기스칸에 관한 책은 여러 권 더 찾아 읽었다.

징기스칸은 작은 부족에서 태어나 전 세계를 제패한 인물이다. 포용력이 뛰어난 사람으로 좋은 인재를 많이 기용했다. 심지어 능력이 뛰어나면 적군도 포용하여 장수로 쓰는 등 인재를 소중하게 여겼다. 징기스칸은 자신이 키운 인재들로부터 많은 추앙을 받았다.

그 당시 몽골에는 결혼한 여자를 납치해서 결혼하는 약탈혼이 성행했다. 징기스칸의 아내도 다른 부족에게 납치되었다가 훗날 징기스칸이 복수하여 아내를 데려왔다.

몽골은 유목민이어서 한 곳에 정착하지 않고 정보 전달을 위한 거미줄 같은 역마제도를 만든 대제국이다. 요즘에는 노마드(Nomad) 디지털 유목민이 다시 이슈가 되고 있다. 디지털 노마드는 무릎 위에 노트북을 올려 놓고 손에는 휴대전화를 들고 머리에는 헤드셋을 착용한 채 끊임없이 일하며 움직이는 현대판 유목민이다.

한 곳에 정착하여 안주하지 않고 계속 새로운 것을 찾아다녀야 살아남을 수 있다는 점에서 배울 점이 많은 것이다. 어쩌면 새로운 목초지를 찾아 다녔던 유목민과 요즈음의 세태가 유사하기 때문인지도 모르겠다. 돌궐족 명장 톤유쿠크(Tonyukuk)의 비석에는 "성을 쌓는 자는 반드시 망할 것이며, 끊임없이 이동하는 자만이 살아남을 것이다."라는 글귀가 새겨져 있다고 한다. 나도 징기스칸처럼 새로운 것을 찾아다니며 많은 인재와 함께 일하는 것을 좋아하는데 그런 점을 닮고 싶다.

열정과 신념의 한 길

# AIT에서 취득한 석사 학위

1989년부터 1년 이상 평일 야근은 당연한 것이고 토요일은 물론 일요일 오후에도 출근하여 밤늦도록 일을 계속하다 보니 몸과 마음이 많이 지치게 되었다. 일주일 중 쉬는 시간은 오직 일요일 오전 뿐이었다. 그때 과학기술처에서 태국에 있는 AIT(Asian Institute of Technology, 아시아공과대학)에 입학할 사람을 모집하는 정보를 접하게 되었다. 그 기회를 잡아야겠다고 생각했다. 한독기술협정에 의해 독일 정부에서 학비를 지원한다는 것이었다.

그때 나와 함께 일한 과장님은 자기와 조금 더 일하면 미국에 있는 더 좋은 곳으로 유학갈 수 있는 기회가 있을 거라고 말렸다. 그러나 나는 행정학을 전공한 사회과학도로서 공학적인 전문성도 필요하다는 생각이 들었다. 또한 집에서도 1988년에 태어난 두 살된 아들을 집사람 혼자 키우느라 너무 힘들어 했다. 결국 1990년 10월 아내와 어린 아들을 데리고 태국으로 유학길에 올랐다. 지금 생각해 보면 내 인생

AIT 졸업식에서 이학석사(M.Sc.) 학위를 받으며(1992. 8. 20)

에서 무척 색다른 경험이었다.

AIT는 선진국들이 아시아 여러 나라의 과학 기술 인재를 양성하기 위해 설립한 공과대학원이다. 우리나라의 카이스트와 비슷한 곳이다. 학부는 없고 석사와 박사 과정의 대학원만 있다. 학생들은 영국, 미국, 호주 등에서 온 서양인들도 더러 있었지만 아시아 지역 학생이 대부분이었고 한국 학생도 10여 명 있었다. 나는 DAAD라는 독일 정부의 장학금을 받아 농식품공학과(AFE, Agriculture and Food Engeering) 석사 과정에 입학했다. 사회 과학을 공부했던 나에게는 자연 과학과 공학적 소양을 익힐 수 있는 좋은 기회였다.

나중에 '한국의 식품소비 형태분석 : 1962~1990(An Analysis of Food Consumption Patterns in Korea)'이라는 주제로 논문을 발표해

이학석사(Master of Science) 학위를 받았다. 석사 논문의 주제는 국민 소득 수준이 높아감에 따라 식품 소비 형태가 어떻게 변하는지를 AIDS(An Almost Ideal Demand System) 모델을 이용하여 계량적으로 분석한 것이다. 각 농식품의 소득 탄력성과 가격 탄력성을 계산하고 소비량의 변화를 분석했다. 소득이 증가함에 따라 육류, 우유, 과일 소비는 늘고 곡물 소비는 줄어든다는 내용이다. 소득의 변화는 소비의 변화에 영향을 미치고, 소비는 생산의 변화를 유발하는 관계를 분석하였다.

AIT 학생들은 설립 취지에 맞게 각국으로 돌아가 자기 나라의 관련 분야 전문가가 되어 있다. AIT(아시아공과대학)에서는 공부뿐만 아니라 여러 나라의 친구들을 사귀며 문화와 풍습을 이해할 수 있는 계기가 되었다. 그때 친하게 지내던 도안이라는 베트남 친구가 있다.

그는 AIT에서 공부한 이후 본국으로 돌아가 농업 행정가로서 승승장구하여 지금은 베트남 농업부 차관이 되었다. 2016년 농촌진흥청장으로서 베트남 출장 때 무척 반갑게 맞아 주었다. 그는 호치민 시내에 있는 멋진 자기 집으로 초대해 집도 구경하고 한국에 관심이 많은 부인과 두 자녀도 만날 수 있었다.

태국에서의 생활은 물가가 싸고 생활하기에는 좋았지만 날씨가 너무 더웠다. 그곳에는 학교 내에 교직원과 학생들이 무료로 이용할 수 있는 나인 홀 골프장이 있었다. 학교 축구장을 이용하듯이 골프를 칠 수

AIT 졸업식 후 기념 촬영(1992. 8. 20)

있었다. 나는 도서관에 가서 책을 빌려 혼자 골프를 체득했다. 후일 데이비드 리드베터의 골프 레슨 비디오 테이프를 구해 몇 번씩 보며 연습했다. 리드베터는 박세리도 가르쳤던 세계적으로 유명한 골프 코치이다. 나는 그의 비디오 테이프를 돌려보며 혼자 독학으로 골프를 터득했다. 그렇게 배운 실력으로 나중에 싱글을 쳤으니 운동신경이 좀 있는 것이 아닌가 싶다.

태국은 지금도 한국인들이 좋아하는 관광지의 하나이듯이 물 좋고 공기 맑은 해변 휴양지가 많다. 방학을 이용해서 여행했던 기억이 새롭다. 태국에서 기억에 남는 추억 중 하나는 가족과 함께 버스 여행을 간 일이다. 학교 학생회에서 마련한 상품 중에 화장실이 달린 버스를 타고 밀레이시아, 싱가포르 등 근저 동남아를 두루 돌아보는 여행이 있었다. 며칠씩 이웃 가족과 함께 지내면서 이야기도 나누고 즐겁게 보낼 수 있었던 기억이 지금도 좋은 추억으로 남아 있다.

# 태국인들의 자부심과 낙천적 생활

태국에 있으면서 느낀 점인데 태국인들은 경제 수준이나 1인당 소득 (GDP)은 우리보다 낮지만 태국인이라는 자부심이 강하고 대다수 태국 사람들은 낙천적이다. 큰 빈부 격차와 가만히 있어도 땀이 흐르는 무더운 날씨에도 불구하고 인상이 무척 밝다. 왜 그럴까 궁금해한 적이 많았다. 전문적으로 연구한 것은 아니지만 태국 친구들과 얘기하면서 느끼고 내 나름으로 생각해 보니 몇 가지 이유가 있는 것 같다.

첫째, 태국은 남의 나라로부터 식민지가 된 적이 없다. 동남아 대부분의 나라가 영국, 프랑스 등 서구 열강의 식민지가 된 후 2차 세계대전이 지나서야 우리나라처럼 독립을 했다.

둘째, 독자적인 말과 글이 있다. 동남아 이웃 나라들 중에는 말은 있어도 글이 없는 경우가 많은데 태국은 민족 고유의 말과 글이 있다.

셋째, 태국인이면 누구나 존경하는 국왕이 있다. 2016년 10월 돌아가신 푸미폰 국왕(His Majesty King Bhumibol Adulyadej)에 대한 태국 국민들의 사랑과 존경심은 익히 알려져 있다. 화폐와 길거리, 공장, 사무실, 가정 등 전국 어디에서나 국왕의 얼굴을 볼 수 있다. 나라가 위기에 처하거나 분열 위기에 놓였을 때 국왕이 중재와 해결책을 강구한다. 나라의 큰 어른이라고 할 수 있는 구심점이 있어 사회 분위기가 무척 안정적이다.

넷째, 불교 국가이다. 태국 국민의 90% 이상이 불교 신자이다. 불교는 내세와 윤회사상을 믿는 종교로 현실에 대한 불만과 어려움이 있어도 선행을 하면 다음 세상에는 더 좋은 곳에서 태어나 잘 살 수 있다고 믿는 신앙적 바탕이 있어서 낙천적인 국민성을 만든다.

다섯째, 누구나 생존을 위한 기초 생활에는 크게 문제가 없다. 아무리 어려워도 의식주 해결에는 어려움이 없다. 이것은 선진국이 추운 겨울을 나야 하는 북반구의 나라들인 것을 보면 알 수 있다. 우리나라의 경우에도 일년 중 4~5개월이나 되는 겨울 추위를 이겨내기 위해서

태국에서 가족과 함께(1990. 12)

는 눈보라를 막아줄 튼튼한 집이 있어야 한다. 게다가 겨우내 먹을 김장과 양식도 마련해야 하며 추위를 막아줄 옷도 필요하다. 겨울에 얼어 죽지 않기 위해서는 더운 여름 내내 열심히 일해야 한다.

태국은 기온이 영하로 내려가는 겨울이 없기 때문에 의식주 해결에 많은 비용이 들지 않는다. 일 년 내내 열대 과일과 채소를 비롯해 먹을 것이 풍부하고 값이 싸다. 여름 옷은 겨울 옷에 비해 단순하고 비싸지도 않다. 집도 비와 모기만 막아주면 되니 돈을 많이 들이지 않아도 된다.

태국 국민의 낙천성과 자부심에서 알 수 있듯이 국민들의 행복지수가 소득과 반드시 비례하는 것은 아니다. 행복은 물질에 앞서 마음먹기에 달려 있기 때문이다. 정책을 펼 때도 유념해야 할 과제가 아닌가 싶다. 태국에 있는 동안 경험하고 배운 여러 가지 일들은 앞으로 기회 있을 때 우리의 현실에 맞게 반영할 수 있기를 기대해 본다.

# 우루과이라운드와 농업구조정책

나는 1989년~1990년까지 농림부 농업정책과에서 근무했다. 처음에는 지금은 고인이 되신 최병렬 사무관(계장)의 후임으로 농민후계자 담당계장을 맡았다. 1980년 부정 축재 정치인으로부터 환수한 재산을 기초로 1980년대 초에 농민후계자 육성기금이 만들어졌다. 농사를 지을 청년들을 매년 농민후계자로 선정하여 이 기금에서 장기 저리 융자금을 지원하였다.

이렇게 선정된 농민후계자들이 1987년에 전국 단위 농민 단체를 결성하였다. 내가 후계자 담당계장으로 부임하였을 때에는 지금은 고인이 되신 이경해 회장이 2대 회장을 맡고 있었다. 나는 평소의 지론대로 대화와 소통으로 농업인 단체와 원만한 관계를 유지하려고 노력하였다. 그러나 내 뜻과는 달리 농림부 상층부와 농민후계자연합회(지금은 한국농업경영인중앙연합회) 사이에 과거의 악연(?)으로 관계가 아주 나빴다. 내가 이 문제를 풀 수 있는 상황도 아니었다.

이런 와중에 후계자연합회는 1989년 제 1회 농민후계자 전국 대회를 전북 무주에서 개최하기로 결정하였다. 상층부에선 대회를 중지시키라 하고, 후계자연합회는 독자적으로라도 개최한다고 하여, 담당계장인 나는 중간에서 마음 고생이 참 심했다.

그래도 많은 농민이 모이는 행사이므로 당시 조규일 차관보님을 모시고 행사장에 갔다. 정부에 대한 분위기는 좋지 않았다. 전체적으로 큰 무리 없이 행사가 잘 진행되었으나 매주 일요일 방송되는 전국노래자랑 녹화가 끝나고 사고가 터졌다. 방송 녹화 버스를 가로 막고 시위가 시작되었다. 몇 시간의 협상 끝에 방송 관계자들이 사과를 하고 마무리 되었다.

제1회 농민후계자 대회 참석(1989. 8. 18)

이런 와중에 과 이름이 농업정책과에서 농업구조정책과로 바뀌면서 중장기 농업정책 수립을 담당하는 기획계장을 맡게 되었다. 이때부터 1년 가까이 야근이 시작되었다. 30대 젊은 나이로 열정이 대단할 때였지만 육체적으로는 참 힘든 시기였

전북 무주에서 열린 제1회 농민후계자 대회 참석 기념(1989. 8. 18)

다. 그러나 농업·농촌 발전을 위한 새로운 제도를 도입하고 대책을 수
립한다는 보람과 자부심은 대단히 컸다. 특히 신혼 초기라 매일 밤 늦
게 귀가하는 남편에 대한 아내의 불만도 있었지만 아랑곳하지 않고 맡
은 임무를 충실히 수행했다.

우리나라 농정 사상 중요한 일을 꼽으라 하면 농지개혁 등 여러가지
가 있겠지만 1986년에 시작된 우루과이라운드 농업 협상을 빼 놓을
수 없다. 우리나라가 유사 이래 최초로 농입 분야 시징욜 대폭 개방해
야 하는 위기 상황에 놓이게 된 것이다. 우루과이라운드는 1986년에
시작해 1995년까지 약 10년에 걸쳐 지리한 협상을 거쳐 타결된 것으로
농수산물도 국가간 무역을 자유화하자는 것이 큰 방향이었다.

농어촌발전특별조치법 시행령 공청회(1989년)

　이러한 세계적 추세에서 무역으로 먹고 살아야 하는 우리나라도 참
여하지 않을 수 없는 상황이었다. 농업만 놓고 본다면 당연히 개방하
지 않으면 좋겠지만 다른 제조업 분야 등 국가 경제 전체를 생각하면
개방할 수밖에 없는 상황이었다.

　이때 농민들이 데모도 많이 하고 큰 사회 문제로 대두되었다. 그러
나 정부 입장에서 개방은 불가피한 상황이었다. 어떤 대책을 세워서
지원하면 농민들을 보호할 수 있을까를 고민하고 또 고민하며 정책을
만들어 나갔다. 그때 농림부는 우리 농민들을 보호하기 위해 체질을
바꾸고 경쟁력을 키우기 위한 중장기 대책인 '농업농촌 발전 종합대책'
을 수립하였다. 수립된 대책을 제대로 추진하기 위해서 법제화가 필요

했다. 이렇게 해서 만들어진 법이 '농어촌발전특별조치법'이었다. 내가 기획계장을 맡았을 때에는 법은 이미 제정되었고, 이를 시행하기 위한 시행령(대통령령), 시행규칙(농림부령)과 세부 시행지침을 만드는 작업이 남아 있었다.

그 내용으로는 우선 농지를 구분하는 절대 농지 혹은 상대 농지라고 불리던 제도를 바꾸었다. 그 전까지는 필지 단위로 정했는데 더 큰 단위인 구획 단위로 바꾼 것이다. 말하자면 큰 들판 단위로 지목을 정한 것이다. 이와 같은 맥락으로 '농업진흥지역'과 '농업보호지역'으로 크게 구분하는 등 농지 제도를 개선하였다.

요즘 많이 접할 수 있는 '영농조합법인', '농업회사법인' 등이 있는데 이런 법인체가 그때 만들어진 것이다. 그때까지만 해도 농사는 개인이 짓는 규모가 작은 사업이었다. 영세한 농민으로서는 할 수 없는 투자와 유통 가공 등을 하기 위해서 여러 농업인들이 협력해서 투자할 필요가 있었다. 농업인 5명 이상이면 '영농조합'을 만들 수 있도록 했다.

법인이 되면 세금 감면 등 다양한 혜택을 주어 투자를 촉진하고 사업을 원활히 할 수 있는 구조로 만들었다. 또한 '농업회사법인' 제도를 만들어 농민이 비농민과 함께 법인을 만들어서 농산물 가공, 유통 등을 할 수 있게 했다. 그렇게 해서 낙후된 농촌에 투자금이 들어올 수 있도록 제도를 개선했다. 또 한 가지 새로 도입한 제도는 '자조금 제도(check-off)'의 시행이다. 정부의 일방적인 지원 뿐만 아니라 농업인들

스스로 자금을 모아 소비 촉진 홍보도 하고 조사 연구 및 교육도 할 수 있도록 한 것이다. 농민 스스로 자조금을 모으면 정부에서 이에 상응하는 지원을 해 주는 제도를 만들었다.

이러한 자조금 제도는 미국에서 잘 발달되어 있다. 미국은 대농들이 많아 국내 유통, 소비 촉진 뿐만 아니라 수출 촉진을 위해 활용되고 있다. 미국 농무부(USDA)는 자조금 제도가 잘 운영될 수 있도록 감독을 하고 있다. 자조금 제도는 농민들에게 적지 않은 도움이 된다. 예를 들면 '한우자조금관리위원회'와 같은 위원회에서 한우 도축 시 2만원의 기금을 내어 그 돈을 모아 한우 고기 판촉 광고를 하는 것이다. 그렇게 소비 촉진 캠페인, 시식 행사 등을 하면 정부에서 농민이 모은 금액만큼 지원을 해 준다.

이 제도는 특히 축산 분야에서 잘 활용되고 있다. 가축을 도축하기 위해서는 반드시 도축장에 들어가야 하는데 한 마리당 소정의 기금을 마련하기는 매우 용이하기 때문이다. 한우의 경우, 연간 80만 두 정도 도축되기 때문에 이렇게 모아진 자조금과 정부 지원금이 합쳐지면 한우 고기 소비 촉진과 한우 농가 권익 향상을 위해 다양한 사업을 할 수 있다.

이렇게 농림부 농업구조정책과에서 위기의 농촌을 살리기 위해 불철주야로 일했던 경험은 나에게 더없는 보람이자 큰 성과였다. 이러한 일들은 팀웍이 잘 이루어지지 않았다면 불가능했을 것이다. 그때 밤 늦도록 새로운 제도 도입을 위해 함께 머리를 맞대고 고민했던 류이현 씨(후일 과장으로 퇴임 후 농기평 본부장 역임), 김정호 과장(후일 차관으로 퇴직), 안덕수 과장(후일 차관보로 퇴직 후 국회의원 역임), 조일호 구장님(후일 차관으로 퇴직)과 농정과 직원들께 감사드린다.

일본 농림수산성 축산시험장 방문 기념(1989. 10. 27)

# 농림부의 요직을 두루 거치며

행정사무관 때 받은
대통령 표창장(1994. 12. 15)

1993년에서 1995년까지 농림부 축산 정책과에서 일을 했다. 그때는 우루과이라운드가 타결될 시점이었다. 1993년 12월에 스위스 제네바에서 우루과이라운드 협상이 시작되었다. 우리나라는 이례적으로 피해가 예상되는 농축산업 분야를 대표하는 당시 허신행 농림부 장관을 수석대표로 외교부, 산자부 등 각 부처 고위 공무원으로 대표단을 구성해서 참여하였다.

대표단의 가장 큰 임무 중 하나는 우리의 주곡이고 국민과 농업인들의 관심이 큰 쌀의 개방을 저지하는 것이었다. 어려운 협상이 시작된 것이다. 협상 결과 쌀의 전면 개방은 막았다. 최소시장접근물량

(MMA)을 국내 소비량의 최대 4%(225천톤)까지 허용하고 쌀 수입을 10년간 유예 받은 것이다. 일단은 성공적인 것처럼 보였다.

그러나 국내에서는 쌀 수입을 막겠다고 한 정부가 쌀 수입을 개방했다고 시끄러웠다. 협상단의 수석대표인 장관이 국내에 도착하자마자 경질되는 상황이 발생했다. 1993년 12월 15일 경으로 기억된다. 쇠고기, 돼지고기, 닭고기, 치즈 등 축산물도 개방시기와 관세율에서는 품목마다 다르지만 모두 수입을 개방했다. 쌀에 대한 관심이 워낙 커서 상대적으로 국민적인 관심은 덜했지만 축산물의 경우도 피해가 많이 발생할 수밖에 없는 상황이었다.

농민들의 피해가 예상되던 때였다. 개방된 것은 기정사실이니 축산업을 발전시키기 위한 대책을 세워야 했다. 대책의 기본 골자는 우리 축산물의 경쟁력을 높이기 위해 품질은 높이고 비용을 낮춰야 하는 게 관건이었다. 그때 우리나라의 축산 사정을 보면 규모가 영세하고 인건비와 토지가 비싸 전체적으로 축산물 가격이 외국에 비해 2~4배 정도 높은 상황이었다. 우리 축산업을 규모화, 전문화, 현대화하는 것이 급선무였다.

그래서 축사 시설을 현대화하고 사육 규모를 늘려 규모화, 전문화하는 내용을 담은 축산업 경쟁력 제고 대책을 수립하였다. 품질을 높이기 위해 품질 등급제 등을 도입하였다.

1996년 2월에 공직 생활을 시작한 지 12년이 지나 과장으로 승진했다. 요사이는 과장 승진이 좀 빨라져서 7~8년만에 하기도 하지만 그 당시에는 12~13년이 소요되었다. 그래도 농림부에 있는 동기 중에 가장 빨리 과장이 되었다. 과장으로 받은 첫 보직은 무역진흥과장이었다. 1997년 2월 프랑스 파리에 있는 주OECD 대한민국 대표부 주재관으로 나갈 때까지 무역진흥과장으로 일했다.

무역진흥과는 우루과이라운드 협상 타결 이후 신설된 조직이었다. 국제적으로 농산물 시장이 개방되므로 우리도 적극적으로 한국산 농축산물을 수출하자는 취지였다. 그래서 수출 지원을 위해 필요한 조직과 인력을 보강하고 수출을 위한 제도와 시설도 정비하였다. 처음에는 수출진흥과를 만들려 했으나 외국에 수출만 한다는 인상을 줄 수 있어서 수출과 수입 모두를 진흥한다고 하여 무역진흥과를 신설했다.

그래서 만든 것이 서울 양재동에 있는 농수산물유통공사(현재 농수산식품유통공사) 전시관인 aT센터이다. aT센터는 아래층에 전시관이 있고 위에는 농산물 수출업체들이 사무실로 쓸 수 있도록 설계되었다. 농산품도 수출을 하려면 코엑스 같은 전시관이 필요하다고 생각해서 시도한 작업이다.

무역진흥과 내 전임 과장이 aT센터를 건설하겠다는 장관 결재를 받아 놓은 상태였다. 예산을 확보해서 건설해야 하는 일을 내가 맡았다. 정부 예산을 확보해 본 사람은 알겠지만 건물 짓는 신규사업으로 총사업비 1,000억 원 규모의 예산을 확보하는 일은 결코 쉽지 않았다. 길고 지루한 노력 끝에 설계비를 확보하는데 성공했다.

지금도 그렇지만 한 번에 끝나지 않는 계속 사업의 경우에는 설계를 시작하게 되면 다음 예산을 따는 것은 처음보다는 훨씬 수월하다. 지금 농수산식품유통공사는 농산물의 수매, 비축, 수출까지 총괄하는 전문 기관으로 활발하게 운영되고 있다.

우리 농산물 수출을 위해 일본에 설립한 한국물산(주)이라는 회사가 있었다. 우리 농산물을 가장 많이 수입하는 일본에 상설 전시관을 신설하기로 하였다. 그해 일본 동경에 한국 전시관을 설립하는 예산도 100억 원을 확보하였다. 전시관이 있으면 1년 내내 우리 농식품을 전시·판매하고 시식 행사 등 홍보도 할 수 있기 때문이다.

aT 센터(농수산식품유통공사 전시관)

# 프랑스에서 국제적 안목을 기르다

나는 공무원 생활 중 8년 이상을 외국에서 근무했다. 처음 간 곳은 태국 방콕이었고 2년간 거주했다. 그곳에서 태국 아시아 공과대학(AIT)에 다녔고 석사 학위를 취득했다. 이후 프랑스 파리에서 3년, 마지막으로 미국에서 3년 반을 근무했으니 동남아, 서유럽, 북미 지역의 정치, 경제, 사회, 문화를 골고루 경험한 셈이다.

1997년 2월에 OECD(경제협력개발기구) 대한민국 대표부에 일등서기관으로 발령 받아 프랑스 파리에 갔다. 그곳에서 2000년까지 외교관으로 근무하며 많은 경험을 쌓은 것은 내가 국제적 안목과 견문을 넓히며 공무원 생활을 하는데 든든한 밑거름이 됐다.

1996년 김영삼 정부 시절, 우리나라도 선진국들의 모임인 OECD에 가입하면서 대표부를 만들었다. 우리나라를 대표해서 외국에 파견될 때 상대가 국가일 경우에는 대사관에서 일을 하지만 국제기구일 때에는 대표부에서 일을 하게 된다. 그 당시 주OECD 대표부 초대 대사인

구본영 대사를 중심으로 부처 대표 10여 명과 외교부 직원을 포함해 약 30여 명이 업무를 보았다.

OECD는 회원국들의 미래를 걱정하는 조직으로 경제, 사회, 문화, 무역, 환경 등 다양한 분야에 대해 앞으로 어떻게 발전시켜 가야할지 미리 논의하고 정책 방향과 대안을 찾는 게 주 업무이다.

나는 농업 정책, 무역, 환경, 농촌 개발 등과 관련된 논의를 하는 회의에 참석했다. 그 회의에서 논의 동향을 파악하고 우리나라 입장을 전달하는 게 주된 업무였다. 또한 선진국가의 정부 정책과 방향을 파악하여 본국에 보고하여 정책에 반영되도록 하려고 힘썼다.

OECD 대표부 시절 프랑스를 방문한 이효계 농림부 장관 내외분과 함께 (1997. 11. 3)

OECD 회의 모습

그 당시 OECD는 우루과이라운드 협상 타결 이후 출범한 스위스 제네바에 있는 국제무역기구(WTO)가 논의해야 할 후속 무역 정책과 방향에 대해 많은 논의를 했다. OECD에서 논의를 통해 정해진 원칙들은 WTO로 보내져 전 세계 회원국들이 참여하는 국제 규범으로 결정되는 경우가 많았다. 그래서 국제 규범으로 정해지기 전에 우리의 입장과 정책을 반영해야 하는 중요한 역할이 있었다.

그때 OECD 농업위원회에서는 농업의 다원적 기능(multi-functionality)에 대한 논의가 활발하게 진행되었다. 이는 농업이 시장 가치에 반영되지 않는 외부 효과가 무엇이며, 이를 어떻게 국제 규범화할 것인지에 대한 논의였다. 이것도 미국, 호주, 뉴질랜드, 캐나다 등 자유무역을 주장하는 나라와 서유럽국가(EU), 일본, 우리나라 등 자유무역에 일정한 제한을 가해야 한다는 입장 간에 첨예한 대립이 있었다. 또 한편으로는 농업이 환경에 미치는 영향을 계량화하기 위한 논의가 많았다. 이를 위해 농업환경지표(Agri-environmental indicator)를 개발하자는 것이었다.

파리 농업인단체 방문 기념(1998. 12. 14)

이러한 과정에서 논의 동향과 주요국 및 OECD사무국의 입장을 파악하는 것이 주요한 임무 중 하나였다. 이를 위해 나는 OECD 사무국의 관계자나 주요 회의국의 담당자들을 수시로 만나거나 전화 통화를 하였다. 우리나라 농업·농촌 정책을 포함한 교역, 환경 정책 등에 대한 입장과 방향을 논의 과정에 반영하기 위한 논리와 방법의 모색도 필요했다.

이 시절 개인적으로는 서유럽의 문화와 정치, 경제를 접할 수 있는 좋은 기회였다. 그래서 틈만 나면 우리의 중·고등학교 교과서와 미술책에서 보아왔던 유적지, 미술관 등을 방문하여 실물을 직접 볼 수 있는 영예를 누렸다. 프랑스 파리만 해도 많은 박물관과 미술관이 있다.

프랑스 르와르 샹보르성 앞에서

프랑스 샤모니 몽블랑에서(1997. 7. 20)

루브르, 오르세, 로뎅, 피카소, 고흐 등등 열거할 수 없을 정도로 많은 미술품과 유적이 있다. 그 외에도 조금만 교외로 벗어나면 중세 시절 영주들이 살던 성(Chateau)과 유적지들이 많았다.

나는 자동차로 아무런 제지 없이 국경을 통과할 수 있는 프랑스 인근 독일, 벨기에, 스위스, 이태리, 스페인, 영국, 네덜란드 등을 방문하여 숙제를 하듯이 직접 보고 관찰하는 기회를 가졌다. 또 여성들이 좋아하는 유명 핸드백, 화장품, 장신구, 주방기구 등 쇼핑거리도 무궁무진하여 우리의 유혹 대상 중 하나였다.

나는 파리에 주재하는 동안 가족과 함께할 수 있는 시간을 많이 가졌다. 대부분의 직원들이 가족과 함께 파리에 거주하며 아이들을 파리에 있는 공립학교나 영어를 좀 더 배우기 위해 국제학교나 미국학교에 보내기도 했다. 프랑스에서의 3년 간 생활은 생각보다 좋았고 사회 분위기도 나쁘지 않았다.

한국에 있을 때 보다 휴가 시간도 훨씬 많아졌다. 여름 휴가철이 되면 우리가 상대해야 하는 OECD 사무국과 회원국 관계자들이 3주 이상 휴가를 가 버리기 때문에 우리도 어쩔 수 없이 휴가를 즐겼다. 길면 2주, 짧으면 일주일 정도 가족과 휴가를 보내면서 유럽 곳곳을 여행했던 일은 우리 가족의 소중한 추억이다.

유구한 역사와 문화, 예술을 발전시켜온 서유럽 선진국 여러 나라는 국민들의 질서의식, 예의범절(Etiquette), 기사도(Chivalry) 정신 등 우리가 배워야 할 것들이 많았다. 이렇게 직접 경험한 일들은 나에게 국제적 감각과 함께 안목을 키워주는 중요한 계기가 되었다.

영국 국회의사당 빅벤 앞에서(1998. 5. 30)

# 톨레랑스와 노블레스 오블리주

프랑스에 주재하면서 여러 가지 많은 경험을 했다. 그 중 톨레랑스(tolerance)와 노블레스 오블리주(Noblesse Oblige) 정신은 공직 생활을 하는 내내 나에게 큰 교훈으로 남아 있다. 톨레랑스는 관용의 정신을 일컫는 프랑스 말이다. 자신과는 다른 타인과의 차이를 자연스럽게 인정하면서 그 다름에 대해서 너그러운 마음을 가지고 포용하는 정신이다. 관용 정신은 처음 종교에 대한 자유 개념에서 시작되었다고 한다.

종교계에 관련된 사람들은 자신이 믿고 있는 진리의 절대성과 우월성을 주장하기 때문에 자기와는 다른 종교를 거부하거나 배격하기 쉽다. 하지만 칼빈이나 루터의 종교개혁 이후 타종교에 대한 관용 정신이 생겨났다. 이후 이어진 프랑스 시민혁명에 의해서 서로의 차이를 인정하는 민주주의의 기본 정신으로 자리 잡게 되었다. 톨레랑스는 피부색깔, 신체, 종교, 사상, 성 등 여러 가지 다름에 대해서 차별이나 무관심이 아닌, 서로 다른 점으로 받아들이는 숭고한 정신을 말한다.

파리에서 가족과 함께(1997. 4)

　서유럽의 대표 나라인 프랑스, 영국, 독일은 서로 다른 점이 많다. 독일은 예전부터 독일 병정이라 부를 만큼 원칙과 규정을 중요시한다. 규정을 잘 어기지 않을뿐더러 규정을 어겼을 때도 절대 관용을 베풀지 않는다. 영국은 신사의 나라답게 실수도 잘 하지 않고 규율을 잘 지키며 새로운 제도를 잘 만들어낸다. 스포츠 종주국답게 축구, 골프, 크리켓, 경마 등 많은 스포츠가 영국에서 시작됐다. 또한 입헌군주제를 시작으로 의회 민주주의도 처음 도입했다. 영국은 없는 제도를 스스로 만들어내는 뛰어난 능력을 가진 나라이다.

　이에 반해 프랑스는 두 나라 사이에 있으면서 굉장히 자존심이 강

프랑스 근무 시절 가족과 함께(2000년)

하고 독창적인 면이 있다. 프랑스는 말에 대한 애착은 누구보다 강하고 정치제도를 보더라도 이원집정제라고 해서 대통령은 국가원수이면서 외교와 국방을 담당하고, 총리는 내치와 경제를 담당하는 구조로 되어 있다. 다른 나라와 국제회의를 할 경우에도 다른 나라는 국가원수 한 명만 오는데 프랑스는 총리와 대통령이 함께 움직이는 모습을 볼 수 있다.

프랑스의 톨레랑스 정신은 여러 가지 측면에서 엿볼 수 있다. 예를 들어 교통법규를 어겨서 경찰에게 잡혔을 경우에도 긴급한 상황 이야기를 하면 관용을 베풀어 사정을 봐 주기도 한다. 또 외국 이민자에게도 이웃 나라에 비해 관대한 편이다. 오늘날 프랑스가 세계 문화예술의 중심국이 된 것도 그 밑바탕에는 톨레랑스 정신이 담겨 있기 때문이다. 관용과 융통성은 자유와 독창적인 사고로 이어져 화려하게 문화융성의 꽃을 피우며 예술의 본향이 되게 만들었다. 미술품에서 향수,

핸드백, 패션 등은 말할 것도 없고 에펠탑을 만들어 매년 수천만 명의 관광객을 끌어들이는 나라가 바로 프랑스다.

톨레랑스와 함께 프랑스에서 어원이 된 또 하나의 정신이 있다. 바로 사회적 지도층의 의무와 도덕성을 강조하는 노블레스 오블리주 정신이다. 프랑스, 영국, 독일(서독)은 6천만 명 정도의 비슷한 인구를 가진 나라로서 서로 싸우기도 하고 경쟁도 하면서 발전해 왔다.

영국과 프랑스가 백년전쟁을 벌이는 과정에서 영국군은 프랑스의 북쪽 끝에 있는 칼레시를 점령하는데 어려움을 겪고 있었다. 영국군은 마침내 칼레시로 들어가는 식량로를 차단하면서 점령에 성공했다. 영국은 1년여 간 저항한 칼레 시민들을 살리는 조건으로 칼레시의 지도급 인사 여섯 명을 처형하기로 결정했다. 그때 시민들 앞에 나선 사

네덜란드 큐켄호프 튤립공원(1998. 5. 9)

파리에서 가족과 함께(1999. 7)

람들은 부호, 법률가, 사업가, 귀족 등이었다. 그들은 칼레의 시민들을 살리기 위해 자신의 목숨을 내놓은 것이다.

그들은 다행히 임신한 영국 왕비의 설득으로 목숨을 건졌다. 그들이 보여준 숭고한 정신을 역사에 남기기 위해 로뎅은 이들 여섯 명의 조각상을 새겼고 '칼레의 시민'이라 명명해 지금도 그 정신을 기리고 있다. 사회적으로 가진 자들의 의무와 도덕성을 일컫는 노블레스 오블리주 정신을 실현한 좋은 본보기다.

프랑스에서 배운 톨레랑스와 노블레스 오블리주 정신은 살아가면서 가슴에 새기고 있는 교훈이자 공직 생활을 하는 동안 거울로 삼아야 할 소중한 가르침으로 자주 되새겨 보곤 한다.

벨기에 워털루 사자상 앞에서
(1998. 5. 8)

스위스 융프라우 요흐로 가는
길목에서(1997년)

# 동해안 산불을 진화하며

프랑스에서 돌아와 2000년 3월 행정관리담당관으로 부임했다. 업무를 시작하자마자 그해 4월 강원도에서 역사상 가장 큰 산불이 났다. 산불은 산림청 담당인데 농림부 내에서 그 산림청을 감독하는 부서가 바로 행정관리담당관이었다.

그때 화재의 규모는 강원도 고성에서부터 경상북도 울진까지 어마어마한 규모로 불이 번졌다. 동해안 산불은 4월 7일 강원도 고성에서 처음 발화되어 강릉, 동해, 삼척, 울진까지 동시다발로 번져 4월 15일에야 진화되었다. 산림 피해 면적도 23,448ha로 어마어마했다. 사망 2명에 850여 명의 이재민도 발생하였다. 동해안의 4월은 봄바람과 바닷바람이 만나 바람이 내우 세게 불었다. 그때 불이 닐아다닌다는 깃을 알게 되었다.

지형이 험난해 사람이 불을 끄기는 힘들어 결국 산림청, 소방, 군용헬기 수십 대를 총 동원했다. 워낙 많은 헬기들이 날아 다녔기 때문에 혹시 헬기 사고가 날까봐 노심초사 걱정을 많이 했다. 결국 군에서 지원 나와 헬기를 통제하도록 하여 사고를 미연에 방지할 수 있었다.

강원도의 경우, 산에서 아래로 바람이 불면 동해안을 따라 7번 국도로 번지게 된다. 민가 쪽으로 바람이 불기 시작하면 등 뒤에는 불이고 앞에는 바다이기 때문에 사람들이 도망갈 곳이 없게 된다. 그런 이유 때문에 안타깝게도 몇 명의 사망자가 발생했다.

그 당시 동해안에는 가장 중요한 시설이 두 곳 있었다. 군 부대 탄약창과 원자력 발전소였다. 처음에는 동해에 있는 군 부대 탄약창에 불이 붙지 않게 해야 하는 것이 큰 임무였다. 이후 불이 남쪽으로 번지자 나중에는 울진 원전을 보호하는 것도 매우 심각한 문제였다. 일주일 이상 계속되는 산불 상황에서 제한된 인력과 장비로 어디에서부터 불을 먼저 꺼야 할지 순서를 정하는 것도 매우 중요한 일이었다.

민간인 피해도 막으면서 두 중요 시설물도 보호해야 했기에 정말 날밤을 지새우며 정신이 없었다. 산림청, 강원도, 군, 소방 등 여러 기관의 침착한 대처로 결국 두 시설 모두 안전하게 지켜 냈다. 나중에 장관님과 함께 헬기를 타고 현지 확인을 해보니 비화(飛火)로 불씨가 수백 미터를 날아 이 산 중턱에서 계곡을 건너 맞은 편 산 중턱에 불이 붙은 곳이 많았다. 울진 원전 바로 앞에까지 간 것을 확인하고는 간담이 서늘했던 기억이 있다.

화재 수습 후 피해가 워낙 커서 특별재난지역으로 선포하기 위해 후

속 작업을 했다. 특별재난지역 1호는 1995년 7월 19일 발생한 삼풍백화점 붕괴사고로 선포된 것이 최초다. 건설교통부에서 빌려온 그때의 자료와 관련 규정을 확인하여 기획재정부 등 관계 부처와 협의하고 국무총리 주재 중앙재난안전대책위원회 등 관련 절차를 거쳐 대통령이 동해안 산불 발생 지역을 특별재난지역으로 선포하였다.

이것이 우리나라에서 선포된 두번째 특별재난지역이다. 관계 부처 합동 피해 조사 등을 거쳐 사고 피해 복구 계획을 수립하여 잘 마무리할 수 있었다. 예측하기 어려운 자연재해를 겪고 그것을 수습하면서 많은 것을 배울 수 있었다. 사고에 대비해 항상 미리 점검하고 대책을 마련해 두는 유비무환 정신이 절실히 필요하다는 것을 느꼈다.

# 농축협 전문가로 인정 받다

2001년부터 2003년까지는 농림부 협동조합 과장으로 일했다. 여기서는 농협중앙회와 전국의 농축협을 감독하는 일과 농업인들에게 영농자금을 지원하고 부채 대책을 추진하는 게 주요 업무였다. 이때가 1997년 IMF로 금융권이 부실해지자 1998년부터 기획재정부를 중심으로 공적자금을 조성해서 부실한 금융기관을 정리하던 시기였다.

내가 부임하여 확인해 보니 농협도 자기자본(출자금)을 모두 잠식하는 등 부실한 농축협이 많았다. 또한 부실을 제어할 수 있는 수단도 거의 없는 상황이었다. 농협중앙회의 경우, 제 1금융권에 해당되어 예금자보호법에 따라 5천만 원까지는 보호 받을 수 있었지만 전국 1,300여 개 일선 단위 농축협의 경우는 그렇지 못했다. 부실을 안고 언제 터질지 모르는 폭탄 같은 불안한 상태였다.

나는 우선 기획재정부에 공적자금 지원을 요청했다. 금융기관만도 힘든 상황이라 농협은 따로 방법을 찾아보라는 답변이었다. 일선 농축

협동조합과 직원들과 함께 충남 보령 오서산 정상에서(2001. 10. 20)

협의 부실을 정리하고 예금자를 보호할 수 있는 제도를 만드는 것이 급선무였다. 그래서 만든 것이 '농업협동조합의 구조개선에 관한 법률'이다. 주요 내용으로는 적기시정 조치 제도를 도입하여 부실 농축협을 정리·지원하고 예금자보호제도(상호금융예금자보호기금 설치)와 부실 농축협의 부실 자산을 인수하여 관리할 '농협자산관리회사'를 설립하는 것이다. 일선 농축협과 농업중앙회, 전문가 농업인 단체의 의견을 들어 직원들과 힘을 모아 거의 1년에 걸쳐 법이 만들어졌다. 이 법에 따라 농협 부실을 정리하기 시작했다. 계약 이전(6개), 합병(40개), 경영 정상화 이행약정(MOU) 체결(83개) 등 129개의 부실 농축협을 구조 조정하여 부실을 정리함으로서 농업 금융기관의 건전화에 크게 기여하였다.

협동조합과 직원들과 바다낚시를 하며
(2002. 4. 21)

가장 첫 번째 사례는 경남 낙농협동조합이었다. 농축협은 경제 사업도 있지만 은행 업무를 함께 본다. 그 때문에 사업에 실패하거나 부실이 발생해서 자기 자본을 다 잠식하여도 일단은 돌아가는 구조로 되어 있다. 즉 안으로는 부실하지만 밖으로는 크게 표시가 나지 않는 구조를 갖고 있었다. 그러나 만약 예금자들이 단시일 내에 예금을 인출하게 되면 예금을 돌려줄 수 없는 상황이 발생하게 된다. 출자자인 농업인들의 피해는 물론 예금자들의 피해도 생길 수밖에 없는 위험한 상황이었다.

낙농협동조합을 없앤다고 하니 조합원들은 데모를 하고 대표자들이 사무실로 찾아오는 등 심하게 반대했다. 다행히 인근 조합으로 계약 이전을 통해 예금자는 피해 없이 정리가 되었다. 냉철하게 말하면 조합원들은 본인이 출자한 돈이라 할지라도 회사의 부실이 심하면 찾아갈 게 없는 상황에 처하게 된다. 데모를 하기 위해 농림부로 많이 찾아왔지만 정책은 흔들릴 수 없었다. 그 협동조합의 가치는 회사를 모두 팔아도 조합원에게 돌려줄 돈이 없는 상황이었다.

조합원들 입장에서는 자신의 출자금과 조합이 모두 없어지는 상황이니 얼마나 황당했을까? 그 당시에는 축협의 부실이 유독 많았다. 축협의 경우에는 많은 사업을 벌였지만 수익을 올리기가 쉽지 않았기 때문이다. 그런 아픈 과정을 통해 지금의 농축협이 건전화 되었다.

협동조합과 직원들과 바다낚시를 하며
(2002. 4. 21)

농축협에 대해서는 최고의 전문가라고 자부하고 싶다. 그 당시 조합장을 만나면 농축협 부실을 정리하여 농축협을 건전화하는데 큰 기여를 했다고 인사를 듣곤 했다. 또 다른 한편으로는 농축협의 부실을 정리하면서 IMF 이후 어려워진 농가의 부채 문제를 해소하기 위해 제정된 농업인 부채 경감법에 따라 농업인들의 농축협 등 금융기관 대출금(부채)의 연체 이자를 감면해서 장기 저리로 대환해 주는 부채경감법의 시행도 차질없이 추진했다.

이렇게 농축협 부실 정리와 농가 부채 대책 추진이라는 큰 두 가지 임무를 추진하다 보니 지친 직원들이 많았다. 그래서 봄 가을로 직원들과 함께 휴식과 단합을 위해 등산도 하고 바다낚시를 즐기기도 했다. 협동조합 과장 시절은 정말 바쁜 나날을 보내면서 큰 성과도 남기고 보람도 있었다.

# 열정의 기획예산담당관 시절

2003년~2004년 1년 동안 농림부 기획예산담당관으로 일했다. 기획예산담당관은 부 전체의 업무 계획을 수립하고 국회 등 대외 기관에 보고할 업무 현황을 작성하거나 예산을 편성하는 업무를 담당하는 곳이다. 지금은 인력이 많이 보강되었지만 그때는 기획하고 예산을 짜는 담당관의 업무가 상당히 많았다. 국장도 없고 기획조정실장 밑에 기획예산담당관만 있었다. 장·차관에게 수시로 보고해야 할 일이 많았다.

지금은 중간 관리자인 정책기획관(국장)이 있어서 일을 좀 나누어 할 수 있다. 그때는 국장이 없는 상태여서 밤새기를 수시로 했다. 나의 업무 중에는 장·차관이 청와대나 국회 등 외부 기관에 보고를 하거나 현안 조정회의, 당정협의 등에 참석하는 경우에는 보고 자료를 준비해야 하는 일이 많았다. 보고서 작성을 위해 밤새기가 일쑤였고 보고 직전까지 수정하는 등 시간과 내용을 맞추기 위해 온통 전쟁터 같았다.

국내에 무슨 일이 있거나 대외적으로 장관급 회의가 있으면 밤새 자

기획예산담당관 시절 황인숙·최경희 직원 승진임명장 수여 기념(2003. 7. 30)

료를 준비한다. 이런 일을 1년 동안 내내 했다. 그때 나와 함께 일했던 기획예산담당관실 직원들은 농림부에서도 능력 있는 쟁쟁한 멤버들이었다. 국회, 청와대, 국무총리실 등 대외 기관 단체에 우리 부의 입장을 전달하고 반영해야 하는 관계로 부서 전체의 현안 업무를 훤히 꿰고 있었다.

기획예산담당관실은 타 부서에 비해 상대적으로 업무 강도가 높아 오래 근무하기가 어렵다. 건강을 해칠 수 있기 때문이다. 그래서 통상 1~2년 근무하면 승진해서 타 부서로 옮기는 경우가 많았다. 국가적인 현안 사항이 발생하거나 부처 간 협의해야 할 사항이 발생하면 장·차관 회의가 갑자기 열리는 등 긴급회의도 자주 있었다. 하루 취침시간은 5~6시간이 고작이었던 참 힘들었던 시기였다. 간이 침대를 들여놓을 생각도 못하고 사무실 한복판에 있는 큰 탁자에 신문을 펴놓고 자는 일도 있었다. 지금 생각하면 열정과 패기로 능력을 발휘한 젊은 시절이었다.

가을체육행사로 안양 수리산 관모봉 등산 기념(2003)

# 인맥을 쌓고 소통을 배우다

2005년 1월부터 12월까지 국방대학교 안보대학원에 파견되어 많은 사람들과 인맥을 쌓고 소통의 시간을 가진 것은 공직 생활 중 또 하나의 색다른 경험이었다.

국방대학교는 1955년에 설립된 국방부 산하의 국립대학교로 대학원 안보 과정은 주로 중앙부처 국장급 공무원, 공사 공기업 처장급, 광역지자체의 국장, 기획관리실장급, 대령·준장급 군인 등 국가 주요 기관 공직자들을 대상으로 학생을 선발한다. 육·해·공군·해병대 등 군인 100명 일반인 100명 등 총 200명 정도 선발해서 1년 간 교육을 실시한다.

국방대학교에서 배우는 것은 주로 국세 정세, 남북한 정세, 국가 안보, 남북통일 등 안보 교육이 기저를 이룬다. 이름 그대로 국가의 안보의식을 강화하고 세계 정세를 익히는 것에 중점을 두고 있다. 기본 교육과 함께 장관이나 기관장, 전문가 등을 초청해 특강을 듣기도 하고

박홍수 농림부 장관의 농정특강 후 기념 촬영(2005. 4. 21)

군부대나 안보 시설을 시찰하기도 한다.

국방대학교에서 공부할 때는 주로 분임 토의를 많이 했다. 1년 간 다섯 번 정도 분임을 바꾸어가면서 토의를 한다. 2달 간격으로 뿌리 분임, 가지 분임, 줄기 분임, 열매 분임으로 단계를 나누어 분임별로 토의도 하고 과제를 수행하기도 한다. 그러다가 마지막에는 다시 뿌리 분임으로 돌아와 최종 마무리를 하는 방식으로 공부했다. 그때 나는 '새만금에 관한 여러 가지 측면'을 조사 연구해서 발표한 적이 있는데 무척 보람 있는 시간이었다.

국방대학교에 다닐 때 주말에는 주로 체력 단련을 많이 했다. 국방대를 졸업한 후에는 동기회를 구성했다. 내가 구성원 가운데 나이가 조금 적고 성실하다며 동기회 초대 총무를 맡았다. 농촌진흥청장 재직시에는 동기회 회장으로 선임되기도 했다. 그때 함께 공부했던 사람 중에는 나중에 장·차관이 된 사람도 많았다. 강호인 국토부 장관, 이상길 농식품부 자관, 황인무 국방부 치관 등이다.

여러 분야의 사람들과 소통하고 어울렸던 국방대학교 안보대학원에서 공부한 경험은 공직 생활을 하는 동안 좋은 추억으로 남아 있다. 또한 1년 동안 같이 공부하면서 국내외 정세를 이해하고 구성원들과의 인맥을 쌓고 각 기관의 특성을 파악하는 데도 큰 도움이 되었다.

해군 인천해역방어사령부 방문 기념(2005. 10. 17)

# 농림부의 대변인이 되다

농림부의 여러 요직 가운데 홍보관리관으로서의 역할을 수행한 것은 아직도 큰 보람으로 남아 있다. 홍보관리관은 농림부의 주요 정책을 홍보하는 일종의 대변인이다. 내가 홍보관리관을 맡았을 때는 노무현 대통령 시기였는데 많은 것을 계량화해서 평가를 했다. 혁신도 평가하고 홍보 내용도 평가해서 점수를 매겼다. 정부 각 부처의 전년도 실적을 평가해서 다음해 초에 발표를 하는데 평가에서 1, 2, 3등을 받은 부처는 포상을 했다. 그 당시 농림부는 홍보 분야에서 최하위권으로 무척 저조한 결과를 받았다.

그럴 즈음에 내가 국방대학교 안보대학원 교육을 마치고 농림부로 복귀하였다. 나는 다른 부서의 발령을 기다리고 있었는데 장관님께서 나를 불러 홍보관리관에 임명하면서 '다음 해 홍보평가에서 한 자릿수에 들게 하라'고 지시하셨다. 이 과제를 맡게 되어 여러 가지 방법을 찾아보았으나 쉽지 않았다. 홍보는 각 부서에서 모두 합심하여야만 되는 일이기에 혼자서는 도저히 성과를 잘 낼 수가 없었다.

우선 평가 항목을 분석해 보니 모두 계량화 되어 점수로 매겨지고 있었다. 예를 들면 보도자료 한 건은 1점, 장관이 언론에 기고하면 3점, 차관이 기고하면 2점, 국장이 기고하면 1점, 과장이 기고하면 0.5점 등 모두 점수화하여 평가하도록 되어 있었다. 또한 언론과의 건전한 관계를 유지한다는 측면에서 잘못된 보도에 대해 해명자료를 내면 1점, 언론중재위원회에 제소하면 2점 등으로 체계를 세워 점수로 환산되었다. 그렇게 1년 동안 홍보 활동한 것을 합해서 평가하고 점수화해 부처별 등수를 매겼다.

나는 홍보 관리의 총책을 맡아 홍보대책협의회를 구성해서 차관 주재로 매주 회의를 개최했다. 대변인인 내가 자료를 만들고 각 국장들이 참석해 부서별로 일주일 간의 실적과 계획을 보고하고 토의했다. 각 부서의 실적을 확인하고 계획을 세워 독려하는 방식으로 회의를 꾸려나갔다. 일 년 동안 홍보대책협의회를 통해 부서별로 미션을 주고 결과를 확인하는 방식으로 실적을 쌓아나갔다.

어느 조직이든 홍보실은 언론이 돌아가는 생태를 면밀하게 파악하고 있어야 하고, 조직 전체 업무를 꿰뚫고 있어야 하기 때문에 매우 중요한 부서임에 틀림없다. 그런 의미에서 각 부서원들에게 홍보를 담당하는 일이 다른 부서에서 일하는 것보다 훨씬 중요하다는 인식을 심어주었다.

그렇게 1년 간 많은 스트레스와 각 부서의 활동을 독려한 덕분에 다음해 농림부는 의외의 결과 발표를 얻을 수 있었다. 2007년 2월 발표가 날 당시에는 나는 주미 대사관 공사 참사관으로 가 있을 때인데 2등을 했다는 소식을 전해 들었다. 농림부의 경사였다. 1년 간 노력한 결과가 좋은 결실로 맺어져 너무 기분이 좋았다.

나와 함께한 각 부서의 담당자들이 너무 고마웠다. 상당 금액의 시상금을 받아 각 실국 홍보 담당자들은 해외연수의 기회를 얻을 수 있었다. 연수를 못 간 직원들도 회식비를 주는 등 격려와 칭찬을 받았다. 미국에 있던 나에게도 연락이 와서 즐거운 소식을 전해 들었지만 참석할 수 없어서 마음으로 박수를 보낸 기억이 생생하다.

나는 가끔 신입 직원들에게 어느 조직이든 한 분야를 열심히 해서 전문가가 되는 것도 중요하지만 그에 앞서 초기에는 전체를 볼 수 있는 부서를 두루 경험해 보라고 권하곤 한다. 그런 경험을 쌓기 좋은 부서가 바로 홍보실이나 감사실, 기획예산실 등이다. 그런 부서에서 일하게 되면 조직 전체의 숲도 보고 각 부서의 특징도 살피는 나무도 볼 수 있는 좋은 안목을 가질 수 있기 때문이다.

또 한 가지 강조하는 것은 처음 입사해서 1년~3년 사이에 열심히 실력을 발휘해서 자기 이미지를 구축하라고 말한다. 그 기간 동안 열심히 일하는 모습은 자연 윗사람의 눈에 뜨이게 된다. 그렇게 되면 함께 일하고 싶은 사람으로 인식되어지고 평생 이미지로 구축되는 수가 많기 때문이다. 그렇게 인정받는 사람이 되면 직장 생활도 즐겁게 할 수 있다. 대 언론 관계 구축, 업무 홍보, 조직 이미지 개선 등 어느 조직에서나 매우 중요한 이러한 일들을 수행했던 홍보 관리관 시절의 일들은 니에게 매우 중요한 경험이었다.

# 외교관으로 주미 대사관에 근무하다

오말리 메릴랜드
주지사로부터 받은 표창장

2007년 2월부터 2010년 8월까지 미국 워싱턴 DC에 있는 외교부 주미 한국대사관에서 일했다. 그 당시는 한미 FTA 협상이 막판에 다다라 타결된 시기였다. 협상 타결 후 미국 의회는 찬반이 엇갈렸다. 이러한 부정적인 미국 입장을 찬성 쪽으로 돌려 미국 의회의 비준을 빨리 받게 하는 것이 우리 정부의 입장이었고 이를 추진하는 것이 대사관의 역할이었다.

그러기 위해 미국 백악관, 무역대표부(USTR)나 미 의회 등을 대상으로 설득 작업에 나섰다. 지금도 마찬가지지만 미국과의 FTA를 보면 농업 쪽은 우리나라가 불리하고 자동차, 전자 등 공산품 쪽은 우리나라가 유리한 것이 사실이다.

주미 한국대사관 근무 시절 각국 대사관에서 근무하는 담당관들의 단체 캐리커처

내가 미국 정치의 중심인 워싱턴 DC에 있을 때 일어난 가장 큰 사건
은 광우병 사태였다. 한미 FTA 협상이 시작되면서 미국에서 소 해면
상뇌증(일명 광우병, mad cow disease)이 발생하여 중단되었던 미국산
쇠고기의 수입이 2006년 재개되었다.

수입이 재개될 때 광우병을 우려하여 30개월 령 미만 뼈 없는 쇠고
기만 수입하기로 양국간에 합의하였다. 그러나 수입을 재개히고 나서
일부 고기에서 뼈 조각이 나오는 일이 발생했다.

우리 검역 당국은 수입 조건 위반으로 수입을 중단하였다가 재발 방
지 대책 등을 확인하고 수입을 재개하는 상황이 반복되었다. 미국 정

미국 한국대사관 근무 시절(2008. 9)

부와 쇠고기 수출업계의 불만은 점점 커져 가고 있었다. 종국에는 미국산 쇠고기의 한국 수출이 중단되었다.

이런 과정에서 2008년 2월 이명박 대통령이 취임하고 4월에 미국을 방문하게 되었다. 미국 정부는 쇠고기 수출을 위한 협상을 요청하여 대통령의 미국 방문을 앞두고 서울에서 한미 간 쇠고기 협상이 재개되었다.

대통령이 미국에 도착하는 날 연령 구분 없이 광우병 위험 부위를 제외한 모든 미국산 쇠고기의 수입을 허용하는 한미 간 협상이 타결되었다. 이 날이 2008년 4월 16일로 기억된다. 협상을 통해 다시 수입이

재개되었는데 미국산 쇠고기 수입을 반대하는 데모가 시작되었다. 특히, 2008년 4월 25일 MBC에서 PD수첩이 방영되면서 사회적으로 큰 이슈를 몰고 왔다.

내가 미국에 있을 때 워싱턴 포스트 신문에는 우리나라에 대한 두 번의 부정적인 사진이 1면에 실렸다. 한 가지는 미국산 쇠고기 수입을 반대하는 광화문 광우병 촛불집회에 수만 명이 참여하는 사진이었다. 다른 하나는 남대문이 불타는 사진이었다.

그때 국보 1호인 남대문이 특별한 보안 없이 화재가 날 수 있다는 것에 대해 미국인들은 상당히 놀라는 눈치여서 몹시 부끄러웠던 기억이 난다.

촛불집회를 지켜보는 미국 사람들의 논리는 이해할 수 없다는 입장이었다. 미국은 쇠고기를 잘 먹고 있는데 대한민국은 왜 그리 반대가 심하냐는 것이다. 미국의 경우는 일인당 연간 25kg 정도의 쇠고기를 먹는다. 우리의 경우는 10kg 정도 먹으면서 왜 그리 민감하게 반응하느냐며 비꼬아 이야기를 하기도 했다.

한국에서 광우병 데모가 거세어져 정확한 상황 파악을 위해 버지니아에 있는 광우병으로 죽은 흑인 여성의 가족을 법무협력관과 함께 만나러 간 적도 있다.

한국에서 광우병과 관련한 시위가 격화되면서 워싱턴에 주재하고 있던 특파원들의 관심도 커졌다. 광우병과 관련한 문의, 인터뷰, 자료 요청 등 업무가 폭주했다. 해외에 주재하고 있는 대사관의 경우에 대부분 직원들이 그리 많지 않다. 우리 정부에서도 광우병과 관련해서 자료 요청이 넘쳐났다. 그들이 요청하는 수많은 자료를 혼자서 조사, 파악, 문의해서 정리하고 만들면서 위기를 극복하기 위해 동분서주하며 힘든 시기를 보냈다.

5월에 대통령이 사과하는 사태가 벌어지고 한미간 쇠고기 협상을 재개하게 되었다. 마지막에는 그 당시 김종훈 통상교섭 본부장을 수석 대표로 하는 쇠고기 협상단이 미국으로 건너와서 쇠고기 협상은 다시 시작됐다.

국내의 데모는 격화되고 여론은 수그러들지 않는 상황에서 피를 말리는 협상을 거쳐 4월에 타결한 쇠고기 협상 결과를 일부 수정하게 되었다. 광우병 위험이 적은 30개월 령 미만 쇠고기만 수입하기로 합의했다. 그 합의는 지금도 유효하다.

미국산 쇠고기 광우병 사태는 우리에게 여러 가지 시사하는 바가 크다. 식품 안전에 대한 국민들의 관심이 얼마나 큰 가를 보여주는 상징적인 사건이었다. 또 대외 협상 결과가 국내의 정치 상황과 연계될 때 얼마나 큰 파장을 불러 오는지 여실히 보여 주었다.

이런 어려운 시기가 지난 후 나는 우리 농축산물과 가공식품의 대미 수출 증대를 위해 발로 뛰었다. 교민들이 운영하는 수입업체, 슈퍼마켓 등을 방문하거나, 특히 한국에서 근무한 경험이 있어 김치, 불고기 양념, 라면, 김 등 한국 식품에 관심이 많은 미군 부대와 메릴랜드 주 리 브라더스(Rhee Bros., Inc) 식품 유통업체 등을 방문하여 한국 식품의 수입 통관에 대한 애로사항을 청취하고 해결하기 위해 노력했다. 그 결과로 마틴 오말리(Martin O'Malley) 메릴랜드 주지사의 표창장을 받기도 했다.

Susan Lee 메릴랜드주의원으로부터 표창장을 받고 기념 촬영(2010. 4. 30)

# 미국에서 정치를 배우다

　나는 미국에 있으면서 여러 가지 많은 경험을 했다. 특히 미국 최초의 흑인 대통령이 된 버락 오바마의 당선 과정을 지켜보면서 많은 것을 느꼈다. 미국 대통령 선거는 예비선거, 본선거를 포함하여 약 2년의 기간이 걸린다. 처음에는 힐러리 클린턴 후보가 많이 앞서 갔다. 오바마는 정치 신인으로 일리노이주 상원의원을 거쳐 연방 상원의원 출신이다.

　대통령 선거를 앞 둔 4년 전 민주당 전당대회(Democratic National Convention)에서 처음으로 오바마가 사람들의 눈길을 끌기 시작했다. 민주당 대통령 후보를 뽑기 위한 2004년 7월 민주당 전당대회에서 일리노이주 상원의원으로 있던 오바마가 그 당시 민주당 대통령 후보였던 존 케리(John Forbes Kerry) 후보의 찬조 연설을 했다. 그 연설은 지금도 많은 사람들이 유튜브 등을 통해 다시 듣는 명연설이다.

　미국에서의 주 상원의원은 우리나라로 치면 도의원 정도의 위치이다. 50개 주에 상원의원이 있으니 인원도 많아 지역 언론을 제외하면 잘 알려지기 어렵다. 그런데 그 연설 이후 오바마의 인기가 높아졌다. 그래서 그 다음 선거에서 연방 상원의원에 당선된다. 그 후 바로 대통령 후보가 되었다. 오바마는 연설을 할 때마다 인기가 올라갔다. 퇴임 때도 지지율이 60%였으니 그 인기는 실로 대단하다.

미국 근무 시절 가족과 함께(2007. 12. 25)

미국은 대통령제를 만든 대표적인 나라다. 우리는 의원내각제와 대통령제를 섞은 제도를 도입하고 있다. 이상적인 대통령제라면 국무총리가 아니라 부통령이 선거 때부터 대통령과 러닝메이트로 함께 뛰어야 한다. 그러나 우리는 대통령제를 채택하지만 의원내각제에 있는 국무총리가 있다. 그렇지만 국무총리의 임기는 보장되어 있지 않아 언제 면직을 당할지 알 수 없다.

우리나라도 정치적으로 발전하려면 우리 실정에 맞는 제도를 만들어 고쳐야 한다. 최근 헌법 개정의 얘기도 나오고 있다. 나는 개인적으로 의원내각제보다는 대통령 중심제를 오래 해 왔기 때문에 미국처럼 가는 것이 바람직하다고 생각한다.

국무총리 제도보다 부통령 제도를 도입하면, 여러 가지 면에서 효율적일 것 같다. 부통령은 선거 때부터 대통령 후보와 러닝메이트로 함께 뛰고 4년 간 임기를 보장해야 한다고 생각한다. 부통령제를 도입하면, 좋은 점이 상당히 많다. 대통령과 부통령은 4년 간 임기가 보장되기 때문에 견제와 균형을 통해 권력을 나누면서 상호 보완적인 관계를 형성할 수 있다.

대통령이 호남 출신이라면 부통령은 영남 출신이 될 수도 있다. 또 대통령이 도시 지역 출신이라면 부통령은 농촌 지역을 대표하는 사람이 될 수도 있다. 대통령이 나이가 좀 많다면 부통령은 좀 젊은 사람을 선택할 수도 있다. 임기가 보장되기 때문에 서로 보완을 할 수 있고, 부통령이 대통령을 견제할 수도 있다. 우리나라의 국무총리는 대통령을 견제하기보다는 보좌하는 역할이 크게 자리 잡고 있다.

미국의 경우는 항상 조화를 이루어 러닝메이트로 뛴다. 흑인 대통령 후보가 출마하면서 백인 부통령 후보와 함께 출마를 한다. 힐러리 클린턴은 여자 대통령 후보였고, 부통령 후보는 남자였다. 임기가 보장되니 자신의 소신을 주장할 수 있다. 또한 미국은 대통령과 부통령이 같은 백악관 안에서 근무하기 때문에 서로의 의견을 충분히 나누며 소통을 한다.

우리는 청와대에 있는 대통령이 혼자서 최종 결정을 하는 구조이다.

Washington DC 한국전 참전기념공원에서 아내와 함께(2007. 5. 28)

국무총리는 세종시나 광화문에서 근무하기 때문에 수시로 소통하기도 어려운 구조다. 미국은 그렇지 않다. 대통령을 수시로 만나고 서로 소통한다. 심지어 백악관 인턴 직원인 르윈스키가 대통령과 정을 통할 수 있을 정도니 얼마나 소통이 잘 되는 공간인가?

미국에 있는 동안 버락 오바마가 대통령으로 당선되는 과정을 지켜보면서 많은 감동을 받았다. 명연설로 사람들의 심금을 울리는 것도 멋져 보였지만 무엇보다 정치 신인도 능력과 실력만 있으면 대통령이 되는 미국의 정치 환경이 무척 부러웠다. 우리도 명실상부한 선진국이 되기 위해서는 경제뿐만 아니라 정치부터 바꾸어야 한다.

플로리다 키웨스트에 있는 헤밍웨이홈에서 아들과 함께(2009. 12. 27)

# 미국 의회 시스템의 장점

　미국 정치에서 배운 또 하나의 제도는 의회의 양원제도이다. 현재 미국 하원의원은 인구 75만 명 당 1명으로 구성된다. 미국 인구가 3억 2천만 명 정도이니 하원의원은 430명이다. 상원의원은 각 지역(주, State) 대표이다. 주의 크기와 인구에 관계없이 각 주마다 2명씩 선발한다. 미국은 50개 주로 구성되어 있으니 상원의원은 합치면 100명이 된다.

　미국 의회의 양원제는 장점이 많다. 캘리포니아주와 몬타나주를 비교해 본다면, 몬타나주는 인구가 100만 명밖에 되지 않아 하원의원은 1명뿐이다. 그러나 상원의원은 지역 대표인 관계로 인구수와 관계없이 2명이 있다. 캘리포니아주는 인구가 4천만 명이나 되어 하원의원 수가 50명이나 되지만 상원의원은 2명이다.

　우리나라의 경우는 대체로 인구 비례로 의원을 뽑기 때문에 강원도의 경우에는 4~5개 군에 국회의원은 한 명뿐이다. 국회의원이 지역민을 만나기도 힘든 구조이다. 국가는 인구도 중요하지만 지역도 중요한

미국 근무 시절 Virginia Mclean에 있는 자택 앞에서(2009. 4. 5)

부분을 차지한다. 국토를 보존하는 것도 중요하고 지역의 이야기를 귀담아 듣는 것도 반드시 해야 할 일이다. 그런데 1명의 국회의원으로 넓은 지역을 담당하기는 무척 힘이 든다.

 미국의 정치는 타협으로 이루어진다. 미국 대통령의 권한은 결코 절대적이지 않다. 대통령은 법률을 발의할 수도 없고 예산권도 국회에 있다. 다만 거부권만 가지고 있는 구조다. 우리나라 같으면 정치적으로 큰 부담이 되어 잘 하지 않지만 미국은 거부권을 자주 행사한다. 예산도 대통령이 마음대로 짤 수 없다. 예산 법정주의이기 때문에 미국 예산은 12개의 법률로 편성된다.

행정부는 예산법을 집행할 뿐이다. 우리나라처럼 행정부의 재량 예산이 많지 않다. 의회에서 넘어온 예산을 확인하고 도저히 집행할 수 없을 때는 거부권을 행사한다. 그러면 다시 의회로 넘어가 정족수의 3분의 2가 찬성하면 예산법은 확정되고 결국 집행해야 한다. 대외 협상권도 의회의 권한이다.

미국·의회가 자리잡게 된 배경에는 역사적 근거가 있다. 건국의 아버지(founding father) 토마스 제퍼슨 같은 의회 의원들이 독립선언서를 만들 때 미국은 영국의 식민지였다. 영국 여왕이 임명한 총독이 동부에 있는 각 주들을 다스렸다.

그런데 각 주에는 식민지 주민이 뽑은 의회가 따로 있었다. 총독은 세금을 많이 걷어서 본국에 보내야 했지만 의회는 이러한 총독을 견제하는 역할을 했다. 그러다 의견이 맞지 않아 각 주의 의회 대표들이 필라델피아에 모여 독립선언을 하게 된다.

이 독립선언 때 만든 제도가 미국식 대통령제이고 여왕이 보낸 총독 대신 간접 선거로 뽑은 대통령을 만들어 냈다. 또 그 대통령을 견제하는 의회가 있는 구조로 되어 있다. 총독을 대신할 대통령에게 권한을 많이 주지 않는 구조이나. 미국은 대통령을 견제하는 정치적 장치가 의외로 많다.

그 대신 의회를 상원·하원으로 구성해서 법을 만들 때 심사숙고하고 몇몇 사람이 독주할 수 없도록 만들어 놓았다. 하원에서 통과된 법률은 상원에서 다시 심의한다. 만약 이때 한 글자라도 수정된다면 상·하원 합동 회의를 통해 다시 심의한다. 그 때문에 실제로는 3번의 심의 기회가 보장되는 것이다.

이렇게 하다 보니 우리나라처럼 자신의 뜻을 관철시키기 위해 의사봉을 뺏고 하는 심각한 상태까지 가는 경우가 매우 적다. 하원에서 자신들의 의견과 맞지 않는 법안이 통과되더라도 상원에서 한 번 더 논의할 수 있다. 상원에서 또 실패하면 합동회의에서 한 번 더 설득해 볼 수 있는 기회가 있다.

그에 비해 우리나라는 한 번 결정되면 끝이 나 버린다. 그렇기 때문에 가끔 의원들이 몸싸움을 하는 진풍경이 벌어지는 것이다. 현재 미국 대통령인 트럼프가 혼자서 독주를 하는 것처럼 보여도 실상은 의회에도 권한이 있기 때문에 실제 독자적으로 할 수 있는 것이 많지 않은 것이다.

미국은 대외협상권도 의회의 권한이다. 그러나 현실적으로 많은 의원들로 구성된 의회가 국가간의 협상을 할 수는 없으므로 행정부가 협상을 효율적으로 할 수 있도록 하는 대외무역법이 있다. 바로 '신속협상권(TPA, Trade Promotion Authority)'이라는 법률인데 행정부에 협상권을 넘겨주고 비준권만 갖는 경우가 있다. 일반적으로 미국의 협상을 보면 대통령이 협상을 해 가면 의회에서 고쳐 버리는 경우가 흔하다. 그래서 미국과 협상을 하는 외국은 미 행정부가 신속협상권을 가지고 있지 않으면 협상이 잘 되지 않는다.

　신속협상권을부여 받은 경우에는 협상의 내용은 고치지 않고 가부 여부만 정하도록 되어 있다. 실질적으로 한미 FTA도 행정부와의 협상이 끝난 이후에도 미국 의회 요청으로 다시 노동, 환경 부분을 고친 적이 있다. 의회에서 고치지 않으면 비준을 안 해주겠다고 버티는데 어쩌겠는가. 말하자면 속속들이 온통 파헤쳐서 협상을 한 후 의회에서 자국 보호를 위해 다시 한 번 더 우려먹는 것이다. 자국의 입장에서 본다면 상당히 좋은 제도이다. 그 바탕에는 식민지 시대부터 면면히 내려오는 자국민 보호가 짙게 깔려 있다.

　미국의 행정부나 의회가 효율적인 시스템으로 작동하고 있으니 정치와 경제가 안정적이다. 미국 국민들은 일 년에 6주씩 휴가를 가도 사회는 잘 돌아간다. 그 점은 유럽도 마찬가지다. 심지어 동네 세탁소와 빵집도 여름 휴가를 2주씩 간다. 유럽의 경우도 휴가철에는 대부분 지중해와 알프스 등지로 여행을 다닌다. 이는 사회 전체 시스템이 매우 합리적이고 생산적으로 되어 있는 덕분이다.

　효율적인 시스템을 갖추어야 사회적 비용을 줄여 적은 노력으로 더 높은 생산성을 올릴 수 있다. 전 세계적으로 우리나라처럼 열심히 일하는 국민은 그리 많지 않다. 우리는 평균 2,200 시간씩 일한다. 선진국에 비해 연간 400~500 시간씩 일은 더 하는데 생산성은 그렇게 높지 않다. 여기에는 여러 가지 요인이 있을 수 있지만 정치와 관료 시스템이 제대로 갖추어진다면 보다 효율적인 미래를 설계할 수 있으리라 믿는다. 이런 점만 개선한다면 근면 성실하고 명석한 우리 국민은 3만 불을 넘어 4만불, 5만불 시대를 조기에 달성할 수 있을 것으로 확신한다.

미국 근무 시절 가족과 함께(2009. 7. 25)

# 농협을 개혁하다

외교부 주미대사관 공사참사관 근무를 마치고 2010년 8월 귀국하여 부임한 농업정책국장 때의 일이다. 농협중앙회는 예금 수신고가 100조 원 이상 되는 큰 은행이다. 그 당시 국민은행과 맞먹는 규모였다. 농협중앙회는 은행을 포함해서 보험, 증권, 선물 등 신용사업과 농축산물 판매(하나로 클럽), 도축장, 사료공장, 수출 등 경제사업이라는 서로 다른 사업을 한 법인에서 담당하고 있었다. 여기에 협동조합의 본래 기능인 농업인 교육, 권익 향상 등 운동체로서의 성격도 가지고 있다. 즉한 지붕 세 가족인 셈이다.

그래서 1980년대부터 서로의 특수성을 살려 전문 경영을 하기 위해서는 신용 사업과 경제 사업을 별도 법인으로 분리해야 한다는 주장이 제기되어 왔다. 2008년 출범한 이명박 정부에서는 농협개혁 과제로 신용 사업과 경제 사업을 분리하기로 하고 이를 위한 농협법 개정 작업을 추진 중이었다. 그러나 당사자인 농협과 정치권, 농업인단체, 정부 내의 이견 등으로 어려움을 겪고 있을 때 내가 담당국장으로 부임하였다. 신 정부의 어려운 개혁 과제를 해결해야 하는 임무를 맡았다.

그러나 현실적으로 농협, 정치권, 농업인단체 등이 서로 입장이 다른 어려운 과제였다. 약 7개월 간의 노력 끝에 결국 이 문제를 해결해 냈다. 신용 사업과 경제 사업의 분리를 위한 농협법 개정안이 국회를 통과한 것이다. 이때가 2011년 3월로 기억된다.

한 법인이던 농협중앙회를 은행, 보험, 선물, 증권 등 신용 사업 부문을 '농협금융지주회사'로 분리하고 농협유통, 농협무역, 도축장, 사료공장 등 경제 사업 부문을 '농협경제지주회사'로 분리하는 일이었다. 남은 농협중앙회는 농민을 교육, 지원하고 권익 향상을 위해 노력하는 협동조합 본연의 역할에 충실하도록 하는 게 목표였다.

이렇게 하기 위해서는 결국 농협법을 고쳐야 했다. 농협법의 경우, 여야 의원들 입장이 다르고 농민 단체를 포함한 수많은 이해 당사자들이 얽혀 있어서 법을 바꾸는 일은 결코 쉽지 않았다. 그 과정에는 농협과 농업인단체, 정치권, 금융위원회 등을 설득하기 위한, 말로 다 표현하기 어려운 많은 대화와 노력이 있었다. 그 당시 유정복 장관, 김재수 차관, 박현출 실장, 권재한 과장 등 농림부 내에서 많은 분들이 고생을 하였다. 또 이동우 정책기획수석을 포함한 청와대의 조정과 노력도 크게 기여하였다.

미국은 법이 만들어지면 법률안 공포를 위한 대통령 서명식을 자주

농협법 개정 공포안 서명식(2011. 3.)

한다. 우리나라는 법률안 공포는 통상 관보에 게재하면 끝나는데 이때는 이명박 대통령이 농림부 장관 등 관계자들이 참석하여 청와대에서 농협법 개정 법률안 공포 서명식을 따로 개최하였다. 그만큼 심혈을 기울인 개혁 과제였다. 농협중앙회의 신용, 경제 사업의 분리 주장이 제기된 이후 30년 묵은 과제가 완수된 것이다.

대통령 서명식을 거쳐 농업협동조합법 개정 법률 제 10522호는 2011년 3월 31일자로 공포되어 시행되었다. 수많은 고민과 불면의 밤을 지새웠던 날들을 생각할 때 감회가 새로웠고 보람도 깊다.

# 15조 예산을 편성하다

2010 연말 우수 공무원으로 받은
홍조근정 훈장(2010. 12. 31)

2012년 2월부터 농림수산식품부 기획조정실장을 맡게 되었다. 기획조정실장은 농림수산식품부 전체의 기획과 업무 조정은 물론 예산을 편성하고 따내는 중요한 직책이다. 예산 확보를 위해 기획재정부 등과 협의하고, 국회 상임위원회와 예산결산특별위원회 소속 국회의원들을 설득해야 하는 업무를 담당한다. 편성된 예산안을 기획재정부에 제출하고 국회의 동의를 받아야 집행할 수 있다.

농림수산식품부에서 연간 사용하는 예산은 약 15조 원이다. 이 15조 원의 예산을 편성하는 게 기획조정실장의 주요 업무다. 예산을 잘 따내기 위해서는 예산 편성이 합리적이고 효율적으로 되어 있어야 한다.

국가 예산은 국민의 세금이므로 한 푼이라도 허투루 사용해서는 안된다. 꼭 필요한 곳에 국민의 세금이 투입되어 최대의 효과를 낼 수 있도록 예산을 편성해야 한다.

그래서 농림부 예산심의위원회를 구성했다. 기획조정실장인 내가 위원장이 되고 각 실국의 주무 과장들이 위원으로 참여했다. 이 위원회를 중심으로 농림수산식품부가 기존에 수행하고 있던 예산 사업 300개 정도 사업을 하나 하나 심의해서 타당성과 존치 여부 등을 결정했다. 타당성이 없는 사업은 폐지하고 새로운 사업을 최대한 발굴했다. 각 부서의 사업 담당 사무관과 과장이 자기 사업을 설명하고 토의하는 방식으로 진행했다. 새로운 사업 발굴도 하며 타당성을 확인하는 과정을 거쳤다.

이렇게 두 달 여 간 내부 심의를 거쳐 편성한 예산안은 5월 말 기재부에 제출하여 네 달 여 간의 심의를 거쳐 정부안이 확정되면 10월 2일 국회에 제출되었다. 그런 연후에 국회의 예산 심사가 통상 12월까지 진행된다. 지리한 예산 투쟁이 시작된다. 특히 그해는 12월 19일에 대통령 선거가 실시되어 국회 예산 심의가 뒷전으로 밀려났다. 대선이 끝난 후 예산 심의를 다시 시작하여, 12월 31일 밤 늦게아 통과되었다.

기획조정실장은 이와 같은 전 과정을 책임지고 있기 때문에 밤 늦도록 국회에서 시간을 보내기가 일쑤다. 국회 예산결산특별위원회와 계수조정소위원회에 가서 설명하는 과정에는 다양한 방법을 동원한다.

국회에서 예산이 확정되자 마자 새로 당선된 제 18대 대통령을 위한 대통령직인수위원회가 구성되었다. 인수위에 부처 업무 현황 보고를 하고 요구 자료를 작성, 제출했다. 정부 조직 개편에 대응해야 하는 업무로 그해 연말 연초는 눈코 뜰새 없이 바빴다.

기획 예산과 집행 부서에서 오랫동안 일해 와서 이런 일은 누구보다 잘 알고 있다. 어디에 가서 어떻게 해야 하는지 또 어떻게 편성이 되는지, 집행은 어떻게 되는지 수없이 하던 일이기 때문이다. 그런 경험과 연륜은 나에게 소중한 자산으로 남아 있다.

# 제 25대 농촌진흥청장에 취임하다

농촌진흥청장 퇴임 후 받은
황조근정 훈장(2017. 6. 30)

2013년 3월 18일부터 2016년 8월 17일까지 3년 5개월 동안 제 25대 농촌진흥청장으로 봉직했다. 농촌진흥청은 1962년 박정희 대통령이 식량 자급을 달성하기 위해 만든 농업연구기관으로 100년 이상의 역사를 지니고 있다. 지금은 전북 혁신도시가 있는 전주·완주로 옮겼지만 처음에는 수원에 있었다. 주요 활동은 신품종이나 농기계, 농업 신기술 등을 개발하여 농업인들에게 보급하는 일이다.

농촌진흥청장은 차관급 정무직 공무원이다. 내 앞에 24명의 청장이 있었다. 근무 기간으로 따지면 오래 재임한 순번으로 세 번째다. 가장 오래 재임한 청장님이 제 5대 김인환 청장으로 1968년부터 1980년까지

벼 직파재배단지 방문(2013. 5. 10)

12년을 일했다. 그때는 주곡인 쌀이 부족하던 시대라 다수확 신품종을 개발하라는 미션이 떨어져 통일벼를 개발하는 등 큰 성과를 거두었다. 다음으로 제 7대 청장인 김문헌 청장이 5년을 근속하고, 그 다음으로 내가 가장 오래 재임했다.

농촌진흥청은 농업과학기술을 개발해서 농업인들에게 보급하는 일을 한다. 1,800명의 정규직 중에 1,150명이 연구원이다. 이들 중 850명이 박사 학위 소유자다. 우리나라 공무원 중에 박사 학위 소지자가 가장 많은 조직이다. 왜냐하면 제조업이나 2차, 3차 산업 분야의 연구는 공무원들이 하지 않고 민간에서 주로 한다. 그러나 농업은 다르다. 돈이 되지 않기 때문에 국가에서 직접 연구할 수밖에 없다. 다른 나라도 마찬가지다. 신품종이나 농기계, 농업기술을 개발하여 식량을 안정적으로 공급하는 중요한 연구를 한다.

농촌진흥청은 본청을 제외하고 네 개의 과학원이 있다. 국립농업과학원은 농기계, 농약, 곤충, 미생물, 식품 등을 연구한다. 국립식량과학원은 쌀, 보리, 밀, 콩 등 식량과 관련된 연구를 하는 곳이다. 국립원예특작과학원은 원예, 과수, 화훼, 채소 등을 연구한다. 국립축산과학원은 가축인 소, 돼지, 닭, 오리 등의 신품종을 개발하고 사육 방법, 분뇨 처리 방법, 치즈 햄 등 가공품을 만드는 방법을 연구한다. 즉 농업을 과학화하는 연구 기관이다.

이렇게 연구된 결과물은 농업인의 소득도 올리고 삶의 질도 향상시킨다. 장기적으로 보면 매우 중요한 기관이다. 제조업도 새로운 제품과 기술 개발 없이는 뒤처지게 되는데 농업도 마찬가지다.

농업과학관 전시회 방문(2013. 3. 26)

발효생햄(하몽) 제조법인 방문(2013. 4. 13)

　농촌진흥청장으로 재임하면서 3대 목표와 4대 전략을 선정하여 농촌 발전에 기여하기 위해 노력했다. 3대 목표는 융·복합 창조농업으로 농가소득 증대 및 일자리 창출, R&D·ICT 기반의 미래 성장동력 확보, 창조농업 생태계 조성으로 농산업 경쟁력 향상이다.

　이 목표를 달성하기 위해 농업·농촌의 6차 산업화 인프라 구축, 첨단과학기술 융·복합으로 미래 성장동력 창출, 글로벌 농업기술협력 강화, 융합형 창의인재 양성 및 창업 지원의 4대 전략을 수립했다. 이러한 목표와 전략을 수립하고 몇 가지 실천 계획을 세워 농업기술 개발과 보급에 최선을 다했다.

첫째, 정보통신기술(ICT)과 생명공학기술을 융·복합하여 우리 농업을 첨단화·자동화·고부가가치화하기 위해 온실, 축사에 정보통신기술을 융합해 농작업을 자동화하고 생산성을 높이는 한국형 스마트팜 표준모델 개발과 조기 실용화를 위해 노력했다.

둘째, 밭농업 기계화 촉진을 위한 연구개발과 확산을 위해 기계화율이 낮은 파종·정식·수확 등의 기계를 집중 개발하고 기계화에 적합한 품종 개발과 함께 재배양식을 표준화하는 등 밭농업의 경쟁력을 향상시켰다.

셋째, 식품 가공 기술 등을 결합해 우리 농업을 6차 산업화하여 농가소득을 높이고 지역경제의 활성화를 추진했다. 생산 위주의 농축산업을 가공·유통·체험·관광 등 6차 산업화하여 부가가치를 높이고 지역의 일자리를 창출할 수 있도록 했다.

넷째, 시장 개방을 우리 농축산물의 수출 기회로 활용할 수 있도록

창조농업 실현방안 정책토론회(2014. 7. 2)    한국작물학회 심포지엄(2013. 5. 2)

김포 인삼쌀맥주 갤러리 방문(2013. 10. 31)

적극 지원하고 신선도, 안전성 등 수출 현장의 애로기술 지원과 국가별 수출 맞춤형 기술 개발, 수출 품목 다양화로 우리 농산물의 수출 시장을 넓혀 나갔다.

다섯째, 농업인들의 기술 경영 수준을 높이고 삶의 질 향상을 위해 교육과 현장 지원에 힘썼다. 활력 넘치는 농촌이 되도록 하기 위해 시범사업, 모바일 밴드, e-러닝 등 다양한 방식으로 최신 기술의 신속한 현장 보급과 농업인의 역량을 개발하고, 고령농과 여성 농업인 복지 증진에도 힘썼다.

여섯째, 선진국과의 국제 기술 협력을 강화하여 농업 분야 기후 변화에 적극 대응하고, 개도국과 농업기술 전수 및 유전자원 공동개발 등 호혜적 협력 사업을 추진했다.

이렇게 제 2의 녹색 혁명을 이루어 우리 농업 농촌을 부흥시키기 위해 노력했다. 농촌진흥청장 시절 우리의 농업도 이제는 정보통신기술, 생명공학기술 등을 융·복합해서 미래 성장 신업으로 또 수출 산업으로 육성해야 한다고 생각해 여러 가지 가시적 성과를 이룬 것은 큰 보람이었다.

브라질 농업연구청 대표단(2013. 3. 25)

멕시코 농업부 장관 면담(2013. 6. 11)

구미시 농업기술센터 방문(2013. 5. 7)

식량원 현장간담회(2013. 4. 29)

# '고·현·정' 정신

2013년 3월 제 25대 농촌진흥청장에 취임하면서 직원들에게 하나의 업무 방향을 제시했다. 그것이 바로 유명 연예인의 이름을 붙인 '고·현·정'이다. 고·현·정이라 함은 첫째는 고객 중심, 둘째는 현장 중심, 셋째는 정책 중심의 첫 글자를 따서 붙인 말이다.

첫 번째 고객 중심은 항상 고객의 입장에서 일해야 한다는 것이다. 공무원의 고객은 국민이다. 공무원이 직접 장사를 하거나 공장을 운영해서 돈을 벌 수는 없다. 공무원은 바로 국민이 이러한 본연의 일을 잘할 수 있도록 제도를 만들고 개선하는 고객 중심의 서비스를 펼쳐야한다고 생각한다.

만일 공장을 운영하는 사업주가 돈이 없어 애로가 있다고 하면 돈을 구할 수 있는 기관을 알선해 주는 게 고객 중심 서비스다. 또 여러 가지 규제로 불편을 겪고 있다면 규제를 풀어 본업에 충실할 수 있도록 제도를 개선해 줘야 한다. 어떤 일이든 항상 고객의 입장에서 생각하

고 실행하는 게 바로 고객 중심 서비스다.

　기업은 이런 활동을 잘하고 있다. 왜냐하면 고객 중심 서비스는 기업의 매출과 직결되기 때문이다. 고객이 원하는 것을 찾아 고객을 만족시켜 준다면 그 기업의 제품이 잘 팔리는 것은 당연지사다. 그에 비해 공기관은 이러한 서비스가 부족한 것이 사실이다.

　그래서 공기관도 고객 중심으로 경영 방침을 바꿔야 한다. 고객이나 시민들의 민원 해결도 더 적극적으로 해야 한다. 민원실을 찾는 사람이 있으면 그 민원이 해소될 때까지 원스톱으로 해결해 수어야 한다. 국민들은 민원이 해결될 때 만족도가 최고로 올라가기 때문이다.

　아무리 안 되는 사유를 잘 설명해도 민원이 해소되지 않으면 만족도는 올라갈 수 없다. 물론 법 위반 등으로 불가능한 일은 안 되는 사유

를 민원인이 납득할 수 있도록 자세히 설명을 해야 한다. 해결이 안 되는 일일수록 불만이 커지기 때문에 안 되는 사유를 잘 설명해서 납득할 수 있도록 해야 한다. 고객 만족을 넘어 고객이 행복할 때까지 무한 서비스를 제공해야 하는 이유가 여기에 있다.

두 번째 현장 중심은 어떤 일이든 현장의 상황을 잘 살펴야 한다는 것이다. 현장을 무시하고 탁상 행정을 해서는 안 된다. 현장에 가서 상황을 살피는 것이 우선되어야 한다. 무슨 문제가 있는지 현장의 목소리에 귀 기울이면 거기에서 해답을 찾을 수 있다.

현장에 가봐서 잘 하는 게 있으면 널리 확산시키고, 잘 못하는 게 있으면 개선할 수 있도록 도와주어야 한다. 또 애로사항이 있으면 해결방안을 찾아주는 적극적인 서비스가 꼭 필요하다. 현장을 자주 찾아

보는 습관을 길러야 한다. 공무원이라면 누구나 앉아서 기다리는 소극적인 자세가 아니라 적극적으로 현장을 찾아가는 서비스가 필요하다. 그래서 우문현답이라고 했다. 우리의 문제는 현장에 답이 있다는 얘기다.

세 번째 정책 중심은 무슨 일이든 시스템화가 되어야 미래에 대비할 수 있다. 필요할 경우에는 반드시 법령이나 규정, 지침 등에 반영시켜 제도화하는 작업이 필요하다. 그래야 사람이 바뀌든 장소가 바뀌든 관계없이 동일한 상황에서는 동일한 서비스가 이루어질 수 있다. 현장의 문제점을 개선하여 정책에 반영하면 일이 제도화되어 효율적으로 추진될 수 있다.

'고·현·정'이라는 업무 방향은 어떤 일에서든 고객과 현장에서 파악된 상황이나 어려움을 정책화하고 제도화시키는 게 중요하다는 게 핵심 골자다. 그렇지 않으면 담당자가 바뀔 경우에는 공든 탑이 무너질 수도 있기 때문이다.

나는 농촌진흥청장 시절 기회 있을 때마다 직원들에게 '고·현·정' 정신 실천을 강조했다. 고객과 소통하고 현장에 가서 직접 살펴봐야 계획대로 일이 잘 돌아가고 있는지 알 수 있다.

고객 중심, 현장 중심, 정책 중심의 삼박자가 맞아떨어질 때 진정한 일의 효율성과 서비스를 기대할 수 있는 것이다.

# 우간다 대통령과의 인연

우리나라도 이제는 선진국의 지위에서 당당하게 세계와 어깨를 겨누고 있다. 동남아, 남미, 아프리카 등 개도국에서 우리나라 기술과 경제개발 경험을 전수해 달라는 요청이 많다. 이에 농촌진흥청은 30~40개국에 해외농업기술개발센터(KOPIA)를 설치하였다. 동남아시아, 아프리카 중남미 등지에 한국의 농업 기술을 전수하는 프로그램 센터인 KOPIA(Korea Program on International Agriculture)를 만든 것이다.

KOPIA는 개도국 현지에서 맞춤형 농업 기술 전수와 자원 공동 개발, 글로벌 농업 인재 양성, 해외 진출의 국내 기업 지원과 국내 농산물 수출 지원을 위해 만들어졌다. 주로 퇴직한 농업 기술 전문가들을 계약직으로 파견한다. 또한 농대생을 중심으로 6개월에서 1년 단위로 KOPIA센터에 파견하여 농업기술 전수는 물론 해외 경험을 쌓게 한다.

이런 과정에서 해외에서는 우리나라 농업 발전의 기조가 되는 새마을 사업에도 큰 관심을 보였다. 농업 기술 전수와 함께 새마을 정신도

우간다 무세베니 대통령 농촌진흥청 방문 기념(2013. 5. 29)

함께 전파하는 기회가 되었다. 아울러 아시아, 아프리카, 중남미에 농업기술 협력협의체를 설치하여 다자간에 농업 기술을 전파하는 사업도 함께 추진하였다. 그 나라의 농업 관련 공무원들에게 기술 교육 연수도 시키고 농업 기술도 가르쳤다.

2013년 농촌진흥청장 재임 시절 아프리카 우간다 무세베니 대통령이 우리나라를 방문한 적이 있었다. 30년 이상을 집권하면서 북한의 김일성, 김정일과도 친한 대통령이었다. 방한 목적 가운데 한 가지가 우리나라 농업을 배우고 싶어 해서 박근혜 대통령과 청와대에서 오찬을 할 때 나도 함께 참석을 했다.

우간다의 경제는 농업이 약 80%를 차지한다. 무세베니 대통령은 군

우간다 무세베니 대통령 농촌진흥청 방문 기념(2013. 5. 29)

출신으로 쿠데타로 집권을 한 사람이다. 일찍이 박정희 대통령을 존경하여 박정희 대통령에 관한 전기도 많이 읽고, 대한민국의 경제 부흥을 일으킨 것에 깊은 감명을 받았다고 한다. 본인도 박정희 대통령처럼 경제 성장을 이루고 싶은 마음을 갖고 직접 한국을 방문해 한국의 농업 정책과 새마을운동 등 여러 가지를 배우고 싶어 했다.

무세베니 대통령은 2013년 5월 수원에 있는 농촌진흥청을 직접 방문했다. 그때 농촌진흥청의 역할에 대해서 직접 설명을 드리고 농촌 과학관 등도 함께 둘러보았다.

이런 저런 설명을 들은 무세베니 대통령은 우리나라의 발전된 농업 기술을 전수해 줄 것을 요청했다. 그 후 우간다에 KOPIA센터를 설치해 우리나라 전문가를 파견하는 등 농업 기술을 전수했다. 우간다 대통령이 농촌진흥청을 방문하면서 그림을 선물로 주셨는데 지금 농촌진흥청에 보관되어 있다.

그 당시 우간다 대통령이 요청한 사항 중 첫째가 우간다의 전통 소가 있는데 그 소의 인공 수정률이 매우 낮다고 하면서 인공수정 기술을 전수해 줄 것을 요청했다. 이후 우리나라 전문가들이 우간다를 방문하여 인공수정 성공률이 낮은 원인을 찾아내서 이를 해소하여 성공을 높이는 교육을 시켜 주었다.

나중에 방문했던 전문가들의 말을 들어보니 우리나라의 경우, 인공수정 성공률이 약 80%에 가까운데 반하여 우간다는 40% 정도밖에 안 되는 상황이었다고 한다. 인공수정이 잘 안 되었던 우간다 소는 앵콜 종으로 고유의 품종이었다. 기술 전수 이후 수정 성공률이 매우 높아졌고 그 결과를 무세베니 대통령도 매우 만족해했다.

그 이후 우간다를 방문하여 무세베니 대통령을 뵐 기회가 있었다. 우간다를 방문했을 때 한국에서 함께 찍은 사진을 앨범으로 만들어서 가져갔는데 무세베니 대통령이 매우 좋아했던 기억이 난다. 우간다 대통령은 다음에 한 번 더 방문하면 본인의 목장을 보여주겠노라고 약속하기도 했다. 그 후 다시 우간다에 갈 기회는 없었지만 무세베니 대통령은 농업 진흥에 대한 기대가 커서 다양한 분야의 농업 기술을 가르쳐 주기를 희망했다.

우간다뿐만 아니라 아프리카 많은 나라들은 농업을 주 산업으로 하고 있다. 이 나라들로부터 우리나라의 앞선 농업 기술을 전수해 달라는 요청을 많이 받았다. 우리가 현지에 가서 전수하기도 했지만 때로는 그곳 사람들이 우리나라를 직접 방문해서 교육을 해 주기도 했다.

이와 같이 우리의 앞선 기술과 경험을 배우고자 하는 해외의 많은 개도국들에게 효과적으로 전수하는 시스템은 우리나라 이미지 재고는 물론 고용 기회 창출에도 도움이 될 것이다.

무세베니 대통령 초청으로 우간다를 방문하여 기념앨범을 전달하며(2013. 5. 29)

# 농촌진흥청 신청사를 개청하며

농촌진흥청의 전신은 1906년 설립된 권업모범장으로 거슬러 올라간다. 그러나 수원에 있는 농촌진흥청 장소는 지금으로부터 200년 전인 조선 정조 시대로 거슬러 올라간다. 정조대왕은 수원 화성을 만들면서 화성을 지키는 군사들의 군량미를 조달하기 위해 농촌진흥청이 있는 인근을 둔전으로 주어 군량미를 생산하게 했다.

그래서 지금도 그곳을 서둔동이라 한다. 정조는 군량미 생산을 위한 농업용수 공급을 위해 서호라는 인공호수(저수지)를 만들었다. 서호의 물을 이용해 농사를 짓던 농지는 지금은 농촌진흥청의 신품종 종자개발을 위한 시험포장으로 활용되고 있다. 권업모범장은 1929년 농사시험장으로 개칭하면서 각종 종묘장을 산하에 두게 되고, 1946년에는 중앙농사시험장으로 다시 이름을 바꾸어 발전했다. 그러다가 식량 자급이 급선무였던 박정희 대통령 때인 1962년 농촌진흥청으로 확대 개편되어 끊임없는 발전을 거듭해 왔다.

박정희 대통령 친필 휘호 '녹색혁명성취', '주곡자급달성'

　농촌진흥청이 수원에 있을 당시 대통령과 관련한 일화가 있다. 그때는 박정희 대통령 시절인데 대통령의 지시 아래 1972년 통일벼를 개발했다. 주곡인 쌀이 부족하여 미국으로부터 옥수수 가루를 원조 받아서 먹던 시절이라 주곡인 쌀의 자급이 절실한 현실 문제였다. 1960년대 중반부터 다수확 신품종을 개발하기 위해 많은 노력을 기울이다 1972년 드디어 다수확 신품종인 통일벼를 개발했다. 개발은 했지만 농가 보급에 5년 정도의 시간이 걸렸다. 5년 후인 1977년 결과를 보니 우리 국민이 모두 먹고도 남을 만큼의 수확을 얻었던 것이다.

　이런 내용을 박정희 대통령께 보고 하니 오천 년 단군 이래 처음으로 주곡의 자급을 달성했다고 하시면서 매우 기뻐하셨다. 그러면서 '녹색혁명성취', '주곡자급달성'이라는 붓글씨를 써 주셨는데 지금도 농촌진흥청 농업과학관에 걸려 있다.

　통일벼의 개발과정은 오랜 세월이 걸렸는데 거기에는 그만한 이유가 있다. 1960년대 필리핀에 있는 국제 쌀연구소(IRRI)에서 IR-667이라는 다수확 품종을 개발했다. 그 쌀은 수확량은 많았지만 안남미 계열(인디카 타입)이어서 우리나라 사람이 좋아하는 찰진 맛이 없었다. 그래서 안남미 계통의 인디카 타입의 다수확 신품종과 우리가 많이 먹는 쫄깃쫄깃한 쌀인 자포니카 타입을 삼원 교잡하여 통일벼를 만들었다. 통일벼는 수확량이 기존 쌀보다 30% 이상 증산이 가능한 품종이었다. 그러나 안남미 계통의 혈통이 남아 있어 밥맛이 없었다. 또한 안남미가 열대지방의 쌀이다 보니 추위에 약했다.

그때만 해도 주곡인 쌀이 부족하여 일주일에 한 번 혼분식의 날을 정해 국수 등 분식을 장려했다. 학교에서는 혼식을 확인하기 위해 도시락 검사를 할 만큼 쌀이 부족할 때라 맛보다 수확량의 증산이 시급하던 때였다. 그런 시절을 지나 1977년 이후 우리나라도 쌀 생산의 자급자족 시대가 열린 것이다. 지금은 밥맛도 좋은 다수확 품종이 많이 개발되었기 때문에 통일벼를 심지 않지만 그 당시 통일벼 개발은 대통령이 직접 지시할 정도로 중요한 이슈였다.

이런 역사적 성과를 이루어낸 수원 시대를 마감하고 노무현 대통령 재임 때 국토 균형 발전이라는 목표를 달성하기 위해 중앙 정부기관을 세종시와 전국의 혁신도시로 이전함에 따라 농촌진흥청도 이전 작업을 시행했다. 수원에 있던 농촌진흥청 본청 건물은 역사성 등을 감안하여 '중부작물부'라는 중부 북부 지역 농업을 연구하는 부서를 설립해서 사용하고 나머지 대부분의 건물은 매각을 했다. 수원 농촌진흥

농촌진흥청 신청사 개청식(2014. 9. 15)

청의 부지는 모두 120만 평 정도가 되었는데 이곳 땅을 매각해서 전북 혁신도시인 전주·완주에 190만 평의 넓은 면적을 확보했다.

농촌진흥청은 넓은 땅을 필요로 한다. 그 이유는 신품종 종자를 개발하기 위해서 직접 농사를 짓는 시험포장이 필요하기 때문이다. 논, 밭, 초지, 과수원, 온실, 축사 등이 있어야 하기 때문에 190만 평의 넓은 면적을 확보한 것이다. 농촌진흥청 신청사 이전은 총 공사비 1조 7천억 원 정도가 들어가는 것으로 100동 이상의 건물을 건축하는 큰 일이었다.

내가 농촌진흥청장으로 부임했을 때 이미 공사는 진행 중이었고 여러 차례 점검하고 확인해서 2014년 7월에 본청과 국립농업과학원의 일단계 공사를 준공했다. 이후 7, 8월 두 달 간 이전 작업을 완료해서

2014년 9월 15일 신청사 개청 행사를 거행했다. 개청식에 앞서 여러 가지 이전 과정에도 상당한 심혈을 기울었다. 사무집기 외에도 고가의 분석 장비, 실험 장비와 동물, 식물, 과수 등이 많아 시간이 꽤 걸렸다. 이전은 1, 2단계로 나누어 했다. 1단계 본청과 농업과학원은 2014년 여름에 옮겼고, 2단계 국립식량과학원과 축산과학원은 2015년 봄에 이전했다.

'새로운 도약 세계로 미래로'라는 슬로건으로 3,000여 명이 참석한 가운데 열린 신청사 개청 행사는 개청식과 학술행사, 전시행사, 국제행사 등으로 나누어 2014년 9월 15일~17일까지 2박 3일 간 열렸다.

개청식은 농촌진흥청의 지난 50여 년 간의 성과를 조명하고 미래 대도약을 선언한 뜻 깊은 시간이었다. 학술행사는 미래농업 R&D 발전방안과 농촌지도사업의 새로운 역할과 전략에 대한 심포지엄을 개최하고 융합과 창조 지식 콘서트도 열었다. 또 50여 년 간 수원 시대를 재

이동필 장관과 현장 방문

양파 농가 수확 일손돕기

조명하고 농촌진흥청의 연구 성과를 전시했다. 아울러 스리랑카 농업부 차관, 태국농업청장, 베트남 농업과학원장 등 주요 귀빈이 참석한 가운데 글로벌 협의체를 구축하여 한국 농업의 위상을 강화하는 국제 행사를 개최함으로써 큰 성과를 이끌어냈다.

내가 농촌진흥청장으로 있을 때 '한국 농생명 식품산업의 실리콘 밸리'를 추구하며 신청사를 개청한 일은 가슴 뿌듯한 보람으로 남아 있다. 공직에 몸담아 오면서 신념과 열정으로 한 단계 한 단계 쌓아올린 노력의 결실로 여겨져 참으로 영광스러운 일이었다.

구미에서 열린 무인헬기 직파 시범(2014. 5. 21)

추석맞이 현장방문(2013. 9. 13)

농과원 현장간담회(2013. 5. 6)

농업농촌 6차산업 박람회(2013. 8. 29)

안성시 농업기술센터 점검(2013. 4. 10)

농업생명연구단지 시설 점검(2014. 5. 31)

생명공학연구성과 발표회(2014)

벼농사 제초로봇 현장시연회(2015. 7. 22)

농산물직거래페스티벌 구미 수상자 격려(2013)

# 국민행복을 향해 질주하다

2017년 8월 17일 농촌진흥청장 퇴임 후 11월에 한국마사회장 공모가 있어 지원했다. 마사회장 공모에는 모두 아홉 명이 응모했다. 서류심사, 면접을 거쳐 2016년 12월 기재부의 공공기관운영위원회의 심의를 통과했다. 한국마사회장의 임명은 대통령의 재가를 받아야 하는 자리인데 공교롭게도 박근혜 대통령 탄핵과 맞물려 선임되는 과정은 여러가지 우여곡절이 있었다.

공모를 통해 12월 초에 선임이 확정되어 대통령에게 결재가 올라간 상태에서 12월 9일 박근혜 대통령이 국회에서 탄핵이 의결되고 모든 업무가 중지되었다. 그래서 발령 대기 상태로 기다리고 있었다.

그때 황교안 국무총리가 대통령 권한대행이 되었다. 그 당시 언론에서는 권한대행이 인사권을 행사해도 되는지, 안 되는지에 대한 논란이 벌어지고 있는 상황이라 나는 발령 받는 데는 상당한 기간이 소요될 것이라고 생각했다. 과거 노무현 대통령 시절에도 고건 국무총리가

권한대행을 맡았을 때 인사권을 행사한 예가 있기는 했지만 그래도 시간이 오래 걸릴 것을 예상하고 있었다.

그런데 12월 19일 비교적 신속하게 임명을 받게 됐다. 황교안 권한대행이 임무를 맡고 처음으로 한국마사회장의 임명을 재가한 것이다. 그당시 언론에서는 공기업의 회장을 왜 그렇게 빨리 임명하려 하는가에 대한 보도가 많았다. 야당인 더불어민주당은 인사권 집행에 대한 비난을 많이 했다. 나는 그 당시 본의 아니게 언론의 도마에 올라 마음고생을 하게 됐다.

내가 회장에 취임하기 전부터 한국마사회는 국정농단의 최순실 사태와 관련이 있다고 해서 이미 특별검사의 수사가 한창 진행 중이었다.

김재수 농식품부 장관과 함께 전통시장 방문(2017. 4. 6)

그러다 보니 조직에 대한 비판도 많았고, 직원들 또한 어수선한 상황이었다.

그런 우여곡절이 있었지만 나는 취임과 함께 맡은 바 직분에 충실하려고 최선을 다했다. 임명장을 받은 후 취임식을 하기 전 노동조합에서 면담을 요청해 왔다. 노동조합의 위원장과 부위원장 등 노조와의 면담을 갖고 요구사항을 경청했다. 그들의 주요 요구 내용은 현재 진행 중이거나 계획된 대규모 투자 사업에 대해 재검토해 줄 것과 흐트러진 조직과 인력에 대한 재배치 등이었다.

노조와의 대화를 통해 알게 된 여러 가지 정보에 따라 마사회의 분위기를 쇄신해야 할 필요성을 절실히 느꼈다. 나는 CEO로서 조직의 분위기를 다잡고 새로운 발전전략을 세워야겠다고 결심했다.

나는 조직 내외부의 역량을 모아 분위기를 일신하고 마사회가 안고 있는 여러 문제점을 혁신하기 위해 젊고 능력 있는 사람 10여 명을 뽑아 '미래 발전전략 수립 TF팀'을 2017년 1월 1일자로 설치하였다. TF팀은 3개의 작업반으로 나누어 구성했다. 미래전략수립반, 조직인사혁신반, 대규모투자사업점검반 이렇게 3개 분야로 나누어 두 달간 집중적으로 검토 작업을 했다. 나와 TF팀은 내부 의견도 듣고 외부 전문가의 자문도 많이 받았다. 그렇게 집중한 끝에 2017년 2월 말에 1차 결론을 도출했다.

먼저 조직 개편과 함께 인사를 단행했다. 일부 중복 조직을 통폐합하고, 본부 조직을 줄여 현장 인력을 보강하였다. 불법경마단속본부를 신설하여 한국마사회 매출의 두 배에 이르는 불법사설 경마를 대대적으로 단속하기로 했다. 미래발전전략 수립은 중장기 계획이라 3월에

미래전략TF 사무실 현판식(2017. 1. 5)

불법경마근절 대국민선포식(2017. 4. 5)

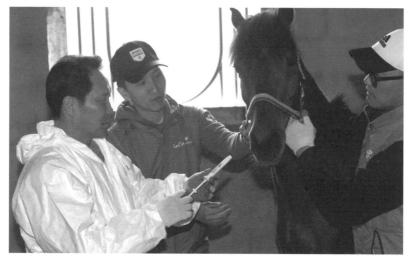
재능기부 봉사활동(2017. 4. 19)

'국민행복을 향한 질주(Race for your smile)'라는 슬로건 아래 4대 전략 목표를 세우고 12개의 전략 과제와 89개의 실행 과제를 수립했다.

4대 전략 목표로는 국민과 함께하는 말산업 육성, 국제 수준의 경마 상품성 확보, 스마트 경마서비스 구현, 지속 성장의 기반 마련으로 세웠다. 4대 전략 목표에 따라 구체적인 12대 전략 과제로는 유소년 승마 중점 육성, 안전한 승용마 공급 기반 강화, 농촌 관광 승마 활성화, 국산마 공급 체계 마련, 개방과 경쟁을 통한 경주마 품질 제고, 불법 총력 대응 및 경마 공정성 강화, 첨단 기술을 활용한 고객 저변 확대, 매력 있는 경마 상품 제공으로 불법 시장 흡수, 경주마 해외 수출과 시장 개척 확대, 말산업의 사회적 가치 확대, 지속 성장을 저해하는 규제

환경 개선, 경영 효율성과 투명성 제고로 잡고 그에 대한 구체적인 실행 과제를 실현시키기 위해 매진했다.

한국마사회는 공무원 조직과 달리 경마와 승마를 통해 수익을 창출하는 공기업이다. 마사회 직원 노조 3개와 마사회 직원은 아니지만 경마 관련자들인 마필관리사 노조 2개 등 총 5개의 노조가 있다. 1922년에 설립되어 95년의 역사가 있는 조직이다. 연간 매출액은 약 8조 원에 이르며 직접 고용 7,000명, 간접 고용 1,700명 등 규모가 큰 공기업이다.

한국마사회는 기업적 특성과 공공성의 양면을 지닌 공기업이기 때문에 운영의 묘를 살리는 지혜가 필요하다. 공무원의 직분을 수행할 때는 국민의 세금으로 예산을 편성 확보하고 집행하는 것에 굉장한 노력을 기울여야 한다. 다른 한편으로는 기업은 수익금으로 비용을 쓰기 때문에 예산을 따내는 노력보다는 매출과 수익을 올리는 지속적인 발

축산수의분야 취업창업 박람회(2017. 5. 25)

직거래장터 방문(2017. 4. 22)

구미 농업연구회 현장 견학(2017. 4. 1)　　　　구미 쌀 팔아주기(2017. 4. 22)

전 방안이 목표가 되어야 한다.

그래서 최고경영자(CEO)로서의 역할이 매우 중요하다. 나는 한국마사회의 CEO로 재직하면서 역할과 성과를 내기 위해 많은 심혈을 기울였다. 고객 중심, 현장 중심, 정책 중심 서비스 정신인 '고·현·정'을 강조하며 기회가 될 때마다 직원들의 의견을 경청하고 민원인에게는 보다 질 높은 서비스를 제공하기 위해 노력했다.

그 결과 국정농단 관련으로 실추된 이미지와 정권교체 등 어려운 여건 속에서도 2017년 경마 매출액이 처음으로 2012년 이래 7.8조 원을 초과하는 성과를 거두었다. 이는 전 직원의 노력과 함께 조직 개편을 통해 현장 인력을 보강하고, 불법경마단속본부를 설치하여 불법 사설 경마를 대대적으로 단속한 결과로 판단하고 있다. 한국마사회의 정상화 작업에 힘을 쏟은 직원들께 감사의 말을 전한다.

# 공직 생활의 세 가지 원칙

나는 공직 생활을 하면서 세 가지 원칙을 정하고 그것을 실천하려고 노력했다.

첫 번째는 '한발 앞서가자'이다.

한발 앞서간다는 것은 지금 당장에 닥친 일도 중요하지만 선견지명을 갖고 앞을 내다보며 대비해서 일을 하자는 의미다. 공무원 사회를 가만히 들여다보면 사고가 터진 후에 수습하기 급급한 경우가 많다. 그렇게 되면 고생은 고생대로 하고 사람들로부터 원망과 질타는 그대로 받게 된다. 게다가 경제적인 손실도 뒤따르기 마련이다. 그래서 미리 문제의 소지를 찾아 제도를 고치고 예방을 하는 것이 중요하다. 그래야 사건 사고를 미리 예방할 수 있고 국민에게도 신뢰 받는 공무원이 될 수 있다.

두 번째는 '멀리 보자'이다.

멀리 본다는 것은 장기적 비전과 목표를 가져야 한다는 의미다. 개

인이든 ˊ국가든 목표가 없다면 발전을 기대할 수 없다. 열심히 뛰어가기는 하는데 올바르지 않은 방향으로 뛴다면 목표하는 곳에 다다르지 못한다. 옳지 않은 방향으로 열심히 뛴다면 오히려 뛰는 만큼 손해일수도 있다.

예를 들어 구미에서 출발해서 서울에 도착하고 싶다면 북쪽으로 향해 뛰어야 한다. 그런데 방향을 잘못 잡아서 광주나 부산 방향으로 간다면 목적지와는 점점 멀어지게 된다. 어디로 가야 할지, 어떻게 가야 할지 목표와 비전을 뚜렷이 가져야 한다. 그러면 올바른 방향을 설정할 수 있고 목표에 도달하기도 훨씬 쉬워진다.

세 번째는 '최선을 다하자'이다.

최선을 다하지 않고 이룰 수 있는 일이란 그리 많지 않다. 호랑이도 토끼 한 마리를 잡기 위해 온 힘을 쏟는다. 목표와 방향이 잘 잡혔으면 최선을 다해야 뜻한 바를 이룰 수 있다. 최선을 다하지 않고 무엇인가를 얻기 바라는 것은 참으로 어리석은 일이다. 하늘도 스스로 돕는 자를 돕는다는 말이 있듯이 앞을 내다보고 장기적인 목표를 세웠다면 목표물을 향해 전력 질주해야 한다. 자신의 능력만 믿고 최선을 다하지 않는 태도는 좋은 결과를 얻을 수 없음은 당연한 이치다.

나는 공무원 생활을 하는 동안 이 세 가지 원칙을 지키려고 노력했다. 이 세 가지 원칙은 하나하나 따로 떨어져 있는 게 아니라 서로 일맥상통한다. 첫 번째가 수립되어야 두 번째를 정할 수 있고, 두 번째 목표를 확고히 세워야 세 번째의 노력을 기울일 힘이 생긴다. 그렇게 할 때 비로소 큰 성과를 낼 수 있다. 어떤 직책을 맡든 항상 이 세 가지 기본 원칙에 따라 임무를 충실히 수행하려고 노력했다.

공무원의 신분에 있으면서 그 지위를 이용해 자신의 이익을 챙기고 특권을 누린다면 그것은 지탄받아 마땅한 일이다. 공무원은 매 순간 자신을 점검하고 직분에 충실해야 한다. 적어도 사회를 이롭게 바꿀 수 있는 위치에 서 있는 사람이 바로 공무원이다. 그런 자부심을 갖고 모범적으로 최선을 다해야 하는 게 바로 공직자의 임무가 아닐까.

나는 마음에 내키지 않는 꺼림직한 일은 처음부터 하지 않고 그 싹을 잘라 버린다. 불안하게 시작했다가 구설수에 오르내리거나 잘못된 결과를 낳는 경우가 허다하기 때문이다.

나는 태국, 프랑스, 미국 등 해외 근무를 여러 번 한 탓에 해외에 있을 때는 골프를 칠 수 있는 환경이 되어 비교적 일찍 골프를 배웠다. 하지만 한국으로 돌아와서는 골프를 거의 치지 않는다. 골프를 치는 것이 나쁜 것은 아니지만 공무원의 신분으로 눈치를 보며 치고 싶지는 않기 때문이다. 공무원 중에는 골프로 인해 구설수에 오르내리는 일도 가끔 보게 된다.

골프는 자연 속에서 걷는 시간이 많아 실내에서 주로 일을 하는 직장인들에겐 좋은 운동으로 유럽이나 미국 등은 이미 오래 전 대중 스포츠로 자리 잡았다. 하지만 우리나라에서는 비용과 시간이 많이 들어 공무원에게 부담이 되는 것도 사실이다. 공무원은 무엇을 하더라도 최선을 다해야 하며 당당하고 모범적인 행동으로 국민들에게 서비스 정신을 발휘해야 한다고 생각한다.

또 한 가지 신념으로 삼고 있는 것은 공무원은 청렴해야 한다는 것이다. 국민의 세금으로 봉급을 받는 공무원이 국민들에게 적극적인 서비스를 제공하는 것은 당연한 것이다. 서비스를 제공하는데 돈이나 향응을 받아서는 안 된다.

최근에는 '부정 청탁 및 금품 등 수수의 금지에 관한 법률', 일명 '김영란법'이 제정되어 많이 줄어들고 있지만 일을 하다보면 이런저런 부탁이 들어오는 경우가 있다. 상당수는 일의 처리 절차나 방법, 처리 상황을 문의하는 경우가 많다. 어떤 경우라도 돈과 관련되거나 규정을 어겨서까지 하면 절대 안 된다. 관련 규정, 지침이 현실에 맞지 않는다면 개선하는 것이 우선이다. 직원들에게도 돈과 관련된 청탁에 엮이지 말 것을 자주 교육시키곤 한다. 세상에 영원한 비밀은 없는 것이다.

말과 글로 이끄는 창조적 리더십

## 농촌진흥청장 취임사

# 우리 시대가 안고 있는
# 농업 과제를 해결하는데 청의 역량을 집중

존경하는 전국의 농업인과 소비자, 그리고 농촌진흥공직자 여러분! 반갑습니다. 박근혜 정부의 초대 농촌진흥청장으로 임명받은 이양호입니다.

우리 농업 농촌이 그 어느 때보다도 어려운 시기에 농촌진흥청장의 중책을 맡게 되어 영광스럽기도 하지만, 다른 한편으로는 막중한 책임감을 느낍니다. 그동안 농업 농촌 발전을 위해 많은 노력을 해 오신 전임 박현출 청장님의 노고에 깊은 감사의 말씀을 드립니다.

지금까지 연구실에서 농촌 현장에서, 사무실에서 묵묵히 농업 농촌 발전을 위해 일해 오신 관계관 여러분들의 노고에 진심으로 감사의 말씀을 드립니다. 새 정부는 '국민 행복, 희망의 새 시대'를 국정비전으로 제시하였습니다.

이러한 비전을 달성하기 위해 농업 분야는 농업인 소득 증대, 농촌 복지 증진, 농업 경쟁력 제고를 3대 농정 축으로 설정하였습니다. 이러한 국정 비전을 바탕으로 5대 국정 과제인 농림축산업의 신성장 동력화, 안정적 식량 수급체계 구축, 누구나 살고 싶어 하는 복지 농촌 건설, 농가 소득 증대, 농축산물 유통 구조 개선을 중점적으로 추진해 나갈 계획입니다.

첫째, 우리는 우리 시대가 안고 있는 농업과제에 대해 고민하고 해결책을 제시해야 할 것입니다. 존경하는 허문회 박사님께서는 각고의 노력 끝에 통일벼를 개발하여 우리 민족의 굶주림 문제를 해소하였습니다. FTA 등 개방화 시대에 어떻게 하면 우리의 농업이 이를 극복할 수 있을 것인지, 고령화 등으로 활력이 떨어지고 있는 농촌에 활력을 불어 넣을 방법은 무엇인지, 농업인들의 소득은 어떻게 높일 수 있는 것인지 등 우리가 안고 있는 시대적인 과제는 반드시 해결되어야 합니다.

저는 이러한 문제의 해결을 위해서는 무엇보다도 과학기술이 중요하다고 생각합니다. 이러한 우리 시대의 농업과제를 해결하는데 우리 청의 역량을 집중해야 할 것입니다. 제2, 제3의 허문회 박사가 우리 청에서 나와야 합니다.

둘째, 현장의 농업인, 소비자들이 원하는 연구 개발에 집중해야 합니다. 지금 이 시점에서 현장의 농업인, 소비자들이 원하는 기술이 무엇인지, 애로사항은 어떤 것인지를 진정성을 갖고 파악해야 합니다. 우리는 고객이 원하는 꼭 필요한 것이 아니라 우리가 할 수 있는 것을 하는 때가 종종 있습니다. 이것이 불신과 실망의 원인이 되기도 합니다. 대통령님께서도 지난 주말 개최된 워크숍에서 국민중심의 행정, 현장 중심의 행정을 추진해줄 것을 강조하신 바 있습니다.

셋째, 개발된 농업 과학기술은 신속하게 농가에 보급하고 실용화해야 하겠습니다. 우리가 개발한 과학기술은 실용화될 때 빛나고, 어려움을 겪고 있는 농업인과 국민들이 체감할 수 있습니다. 항상 현장을 점검, 평가하여 부족하거나 미흡한 것은 없는지 확인하고, 끊임없는 feedback(환류)을 통해 보완하고, 발전시켜 나가야 할 것입니다.

넷째, 연구 기관 간, 부서 간, 조직 간 칸막이를 없애야합니다.

세상은 점점 더 복잡 다기화 되고 문제는 더욱 더 어려워지고 있습니다. 과학기술과 학문의 융합과 교류는 문제 해결을 위해 매우 중요합니다. 현장의 농업인들이 겪고 있는 어려움을 단시간에 해소하기 위해 우리는 부서와 조직의 벽을 없애는 소통으로 우리의 역량을 결집시켜 나갑시다.

비록 오늘의 농업 농촌 문제가 어렵고 복잡하다 하더라도 여러분과 함께 노력한다면 그 어떤 어려움도 충분히 극복할 수 있다고 확신합니다. 농촌진흥가족 여러분도 우리 농업 농촌의 발전과 국민을 위해 헌신 봉사한다는 사명감과 긍지를 가지고 저와 하나가 되어 혼신의 노력을 다하여 주시기 바랍니다. 대단히 감사합니다.

〈2013년 3월 18일, 농촌진흥청〉

# 농업의 6차산업화,
# ICT융복합으로 돈 버는 창조농업 실현

여러분 반갑습니다. 농촌진흥청장입니다.

　'창조경제'가 우리 경제의 비전이자 희망인 이 시점에 『돈 버는 창조 농업』이란 주제로 농업정책포럼을 개최하게 된 것을 진심으로 축하드 립니다. 특히 이 귀한 자리를 마련해주신 송광호 의원님, 윤명희 의원 님, 그리고 국회농어촌 발전포럼 및 새누리당 농어업경쟁력강화 혁신

특별위원회 의원님들의 열정과 노고에 감사드립니다. 아울러 포럼의 좌장을 맡으신 강원대 전운성 교수님을 비롯하여, 발표자이신 황의식 박사님, 윤동진 국장님, 남양호 총장님, 그리고 토론 참여자이신 윤성이 교수님, 권용대 교수님, 조은기 학장님께도 감사드립니다.

우리 농업은 그동안 농업 인력과 농경지의 감소에도 불구하고, 생산성의 향상으로 부가가치는 꾸준히 증가되어 왔습니다. 그러나 농업의 외형적인 성장과 농가들의 경영 노력에도 불구하고 기후 변화, 농산물 시장 개방 확대, 농촌 인구의 고령화 및 일손 부족 등 우리 농업을 둘러싼 여건은 날로 힘들어지고 있습니다.

오늘 포럼에서 주제로 삼고 있는 창조농업은 이러한 어려움을 극복하고 농가소득 증대, 농촌복지 향상, 농업 경쟁력 제고 등을 통해 농업·농촌에 활력을 줄 수 있는 중요한 실천 전략입니다. 창조농업의 실현을 위해서는 기존 농업에 창의적인 아이디어를 보태고, 농업과 첨단기술이 융·복합된 새로운 시장을 창출하여 농가소득을 올리고, 좋은 일자리를 많이 만들어야합니다.

저희 농촌진흥청에서도 창조농업의 구현을 위해 첨단 과학기술을 농업에 접목하여 농가 소득 창출을 위한 농업·농촌의 6차 산업화를 중점적으로 지원하고 있습니다. 과거 생산 중심의 농업에서, 농업 생산을 기반으로 가공·유통·체험·관광·외식 등을 연계한 6차 산업화는 농업의 새로운 부가가치를 창출하는 좋은 사례가 될 것입니다. 또한

ICT 융·복합을 통하여 농업의 고부가가치화와 미래 성장 동력을 창출하기 위하여 노력하고 있습니다. 오늘 『돈 버는 창조농업』 정책포럼에서는 창조농업의 방향 설정과 건설적인 정책 대안들이 제시될 수 있을 것으로 기대합니다. 저희 청에서도 오늘 포럼에서 제기된 의견들에 귀기울여 향후 사업 추진에 반영토록 하겠습니다.

다시 한 번, 오늘 포럼을 주최하신 송광호·윤명희 의원님과 새누리당 특위 위원님, 그리고 관계자 여러분들께 감사드리면서, 이 자리에 함께 하신 모든 분들의 건강과 행운을 기원합니다.

〈2014년 6월 19일, 국회〉

# 청년의 활기를 띠는 구미시 농업인의
# 적극적인 활동을 기대하며

구미시 농업인 여러분, 반갑습니다. 농촌진흥청장입니다.

올해로 17회째 맞는 '구미시 농업인 한마음 화합대회'를 진심으로 축하드립니다. 그동안 어려운 여건 속에서도 이 대회를 준비하느라 애쓰신 구미시 농업인 단체협의회 이재구 회장님과 관계자 여러분께 감사의 말씀을 드립니다. 또한 바쁘신 중에도 구미 농업의 발전과 농업인의 화합을 위해 참석하신 남유진 구미시장님, 김익수 구미시 의회 의장님을 비롯한 내외 귀빈, 농업인 여러분께도 감사드립니다.

이번 대회는 구미시 농업인의 화합은 물론, 전문지식을 공유하여 농업을 선진화하고, 사기 진작과 자신감 고취를 위해 만들어진 자리로 알고 있습니다. 이 시간만큼은 한 해 동안 힘들고 어려웠던 기억들은 다 잊으시고, 모두가 한마음으로 화합하는 축제의 시간이 되시길 바랍니다. 아시는 바와 같이 시장 개방, 기후변화, 고령화 등으로 우리 농업·농촌이 어렵습니다. 위기라고도 합니다. 그러나 위기(危機)란 위험일 수 있지만, 한편으로는 기회이기도 합니다.

모두가 어렵다고 말하는 이 시대는 위기를 기회로 바꾸어 줄 수 있는, 역량을 가진 사람을 요구하고 있습니다. 위기를 기회로 바꾸어 줄 사람은 바로, 오늘 이 자리에 참석하신 농업인 여러분입니다.

우리는 그동안 많은 어려움을 극복해 왔고, 앞으로도 극복해 나갈 것입니다. 그동안 여러분이 해 오신 것처럼, 우리 모두가 열정과 의지로 최선을 다해 노력한다면 그 어떤 어려움도 극복할 수 있을 것입니다. 구미시 농업인 여러분, 긍정적이고 적극적인 활동을 기대합니다.

저희 농촌진흥청에서도 첨단농업기술과 신품종 종자를 개발하여, 우리 농업이 경쟁력 있는 농업으로 발전할 수 있도록 적극 지원하겠습니다. 아울러, 우리 농업을 생산에 가공, 유통, 체험관광, 전통식품 등과 융합하여 6차산업화 하는데도 적극 노력하겠습니다.

사람이 17세가 되면 주민등록증을 받게 됩니다. 오늘 한마음 화합대회도 17회째로, 이제 꿈을 세우고 도약을 할 수 있는 청년기로 접어 들었습니다. 오늘 대회가 구미 농업에 청년의 활력을 주는 계기가 되길 바랍니다.

다시 한 번 '제17회 구미시 농업인 한마음 화합대회' 개최를 축하드리며, 이 자리에 함께 하신 농업인 여러분 모두의 가정에 건강과 행운이 가득하시길 기원합니다. 감사합니다.

〈2014년 9월 27일, 구미청소년수련원〉

# 한-페루 농업협력 포럼으로 양국 간의 농업 협력이 강화되길

　부에노스 디아스!(안녕하십니까?) 대한민국의 농촌진흥청장 이양호 입니다. 한·페루 농업협력포럼에 참석해주신 페루와 대한민국 정부 관계자, 연구원 및 농산업체 관계자, 내외귀빈 여러분께 감사드립니다. 특히, 바쁘신 중에도 참석해주신 페루농업혁신청(INIA) 알베르토 마우레르 청장님, 장근호 주페루 대사님께 감사드립니다.

페루는 예로부터 옥수수를 귀하게 여겨 온 것으로 알고 있습니다. 페루의 전통적인 신의 모습도 옥수수 모양을 하고 있다고 들었습니다. 페루 속담에 옥수수를 흘리고도 줍지 않으면 지옥에 간다는 말이 있다고 하는데 이는 페루가 전통적으로 식량과 농업을 중시하고 있다는 걸 말해줍니다. 농업은 식량을 생산하고, 일자리를 창출하는 생명산업입니다. 인간의 생존을 위해서나 경제의 균형된 발전을 위해서 농업발전과 농촌 개발은 무엇보다 중요합니다.

이러한 농업의 중요성을 인식하고 양국 농업의 발전과 협력을 위해, 양국 정부는 2011년에 한-페루 FTA가 발효된 이후 농업분야의 협력을 확대하고 있습니다. 농촌진흥청은 2012년에 페루 농업혁신청(INIA)과 KOPIA 페루센터 개설을 위한 MOU를 체결하였고, 2013년 11월에 KOPIA 페루 센터를 정식으로 개설하였습니다. 이를 바탕으로 3개의 국제협력연구가 진행되고 있고, 양측 연구원 파견과 훈련 등의 교류가 추진되고 있습니다. 앞으로 KOPIA 페루센터를 통해 한국과 페루 간에 농업기술 협력이 강화되어 페루 농업발전에 기여하길 바랍니다.

오늘은 대한민국 정부에서 주관하는 중남미 경제협력 카라반 행사의 일환으로 농업분야에서의 경제협력을 강화하고자 친구 나라인 페루를 찾았습니다. 이 행사는 양국 간의 우정을 더욱 돈독히 하기 위해 준비된 행사입니다. 중남미의 중요 자원인 감자를 주제로 씨감자 생산

기술 훈련 워크숍과 대 페루 농산업체 투자 설명회, 신선 농산물 수확 후 관리 및 가공방안 세미나, 한국 전통발효식품 제조기술 세미나가 개최됩니다. 오늘 포럼을 통해 씨감자 생산기술과 수확 후 관리 기술이 향상되고 한국과 페루 간에 농업협력이 더욱 강화되길 기대합니다. 포럼에 참석해주신 여러분들께서도 많은 의견을 주시기 바랍니다.

다시 한 번 오늘 포럼에 참석해 주신 귀빈 여러분께 다시 한 번 감사의 말씀을 드립니다. 여러분 모두에게 건강과 행운이 항상 함께 하길 기원합니다. 무차스 그라시아스! 감사합니다.

〈2014년 11월 18일, 페루〉

# 여성지도자 단체로
# 농업·농촌 발전의 선도적 역할하길

여러분, 반갑습니다. 농촌진흥청장입니다.

꿈과 희망의 도시, 첨단과학도시 포항에서 개최되는 '2015 경상북도
생활 개선회원 한마음대회'를 진심으로 축하드립니다. 1958년 '생활개
선구락부'로 출발했던 생활개선회는 농촌생활의 과학화·합리화로 농
가소득 증대를 촉진하고 삶의 질을 향상시켜 지역사회 발전에 기여해

왔습니다. 그동안 생활환경개선, 합리적인 가정관리, 전통 생활문화 실천 등 농업·농촌의 선도적 역할을 하는 핵심 여성 지도자 단체로 자리 잡았습니다. 이는 이 자리에 계신 경북생활개선회 1만 3천여 회원을 비롯한 회원 모두가 각자의 자리에서 한마음으로 화합하여 최선을 다해 이룬 결과입니다. 이 자리를 빌어 여러분 모두에게 찬사를 보냅니다.

여러분, 시장개방, 기후변화, 고령화 등으로 농업·농촌이 어렵습니다. 위기라고도 합니다. 그러나 위기란, 한편으로는 기회이기도 합니다. 모두가 어렵다고 말하는 이 시대는 위기를 기회로 바꾸어 줄 수 있는, 역량을 가진 사람을 요구하고 있습니다. 위기를 기회로 만들어 줄 사람은 오늘 이 자리에 모이신 바로 여러분입니다.

경북생활개선회원 여러분!

그동안 여러분이 해 오신 것처럼, 모두가 열정과 의지로 현 상황을 슬기롭게 대처해 나간다면 어떤 어려움도 기회로 만들어 나갈 수 있습니다. 경북 생활개선한마음대회는 회원들의 결속과 화합을 다지고, 또한 농식품 가공 산업에 성공한 농촌여성들의 창업제품을 전시 홍보하고, 6차산업 성공사례를 교환하는 소통의 자리이기도 합니다.

이번 대회를 통해 서로가 가진 정보의 공유는 물론, 마음가짐도 새롭게 하는 계기가 되기를 바랍니다. 오늘 이 순간만큼은 글로벌 도시 포항에서 가을의 정취를 마음껏 누리시고, 회원 모두가 한마음으로 화합하는 축제의 시간이 되시길 바랍니다.

그동안 행사 준비를 위해 애써주신 경북생활개선회 이명희 회장님을 비롯한 임원진과 관계자 여러분께 감사드립니다. 다시 한 번「2015 경북생활개선회원 한마음대회를 축하드리며, 영예로운 수상자 여러분께도 축하 말씀드립니다.

끝으로 이 자리에 함께 하신 김관용 지사님, 이강덕 시장님, 임현옥 중앙회장님을 비롯한 내외귀빈과 참석자 모두의 건승을 기원합니다.

〈2015년 9월 10일, 포항〉

# 만남의 장에서 새로운 활력을 얻어가시길

존경하는 덕촌초등학교 선후배 동문 여러분! 반갑습니다.

2015년도 총동창회와 동문 체육대회 개최를 진심으로 축하드립니다. 또한 바쁜 일정에도 불구하고 오늘 체육대회에 참석해주신 내외 귀빈과 동문 및 가족 여러분께 진심으로 감사드립니다. 매년 10월에 개최되는 동문 체육대회는 사는 곳과 하는 일이 달라 함께하기 어려웠던 우리 동문의 만남의 장이며, 흥겨운 축제의 장이 되어 왔습니다.

오늘 이 시간만큼은 모든 어려움을 잊고, 동심으로 돌아가 뛰고 즐겨주시기 바랍니다. 새로운 활력을 이곳에서 얻어 가시길 바랍니다.

오늘의 우리를 있게 한 덕촌초등학교가 해마다 줄어드는 후배들로 힘들어지고 있습니다. 모교의 무궁한 발전과 더 많은 후배들의 배출을 위해, 자랑스러운 동문 여러분께서 관심과 애정을 가져주시길 부탁드립니다. 더불어 총동창회의 발전을 위해 동문 여러분의 헌신적인 참여가 필요합니다. 끝으로 어려운 여건에서도 오늘 행사를 준비해 주신 총동창회 최상배 회장님과 황영호 사무국장 등 관계자 여러분께 감사드리며, 이 자리에 함께 하신 여러분 모두의 건승을 기원합니다.

〈2015년 10월 3일, 덕촌초등학교〉

# LOA singing Ceremony on Germplasm Safety Duplication

Today is a very beautiful day due to the first and heavy snow last night. Everything was covered with snow. Honorable Dr. Ty Sokhun(티 소쿤), Secretary of State, Ministry of Agriculture, Forestry and Fisheries, Kingdom of Cambodia, Dr. Ouk Makara(오크 마카라), Director, Cambodian Agricultural Research and development institute, distinguished guests and ladies and gentlemen,

Today, we are gathered here to promote a sustainable use of plant genetic resources, which are not only assets of humanity but also inheritance for our descendants. As you may already know, plant genetic resources have tremendous values in the areas of food, medicine, fuel and clothing. They also have a lot of potential in the future as new vital materials for bioindustry.

However, these valuable resources are being threatened by transformation in agricultural systems, industralization, and climate change. Protecting the precious resources from the occurring threats and promoting their sustainable use will be the main goals of FAO and all of us.

As a central government organization, RDA has played a pivotal role in agricultural extension and technology development. The sustainable conservation and utilization of genetic resources are one of major tasks that RDA implements to foster Korea's food and future bio-industry. The RDA Genebank at National Agrobiodiversity Center, has been actively conducting activities related to preservation of genetic resources. Also, the Genebank has the capacity of more than five hundred thousand accessions for long-term conservation, which is certified by FAO/GCDT in 2008 asWorld SeedVault.

I would like to welcome the Cambodian governments and delegates who understand the importance of safety duplication of the valuable plant genetic resources. We could have built a mutual understanding and commitment because of international cooperation such as AFACI and KOPIA. I also strongly believe this will be the starting point of sustainable collaboration and development to alleviate the global food shortage and create added-values from diverse Asian plant genetic resources.

Finally, I would like to extend my sincere gratitude to the meeting organizers for their concerted efforts and excellent work in preparing this meeting.

Once again, I would like to express my deepest appreciation to all Cambodian delegates for making this occasion truly meaningful. I wish you a very enjoyable stay in Korea. Thank you.

〈2015년 11월 27일, 농촌진흥청〉

# 농업의 다원적 기능

작년 3월 경제협력개발기구(OECD) 회원국의 농업담당 각료들이 긴 토론을 거쳐 합의를 표한 각료선언문에는 농업은 식량과 섬유 생산은 물론 자연경관 유지, 토양유실 방지, 생물다양성 보전, 농촌지역의 사회적 경제적 발전에 기여하는 등 다양한 기능을 가지고 있는 것으로 확인됐다.

농업각료들은 이 같은 농업의 다양한 기능을 강화하기 위한 정책을 추진할 것을 권고했다. 각료들은 농업의 이러한 기능을 농업의 '다원적 기능(multifunctionality of agriculture)'이라고 이름 붙였다. 공업화와 도시화로 산림과 농촌지역은 계속 줄어들고 있고 우루과이라운드 (UR) 협정에 따라 각국은 농산물 시장을 더 개방하고 농업에 대한 지원 조치를 줄여가고 있다. 그 결과 국제경쟁력이 낮은 지역의 농업활동은 점점 줄어들고 방치되는 농지면적은 늘어나고 있다. 게다가 금년 말부터 새로운 세계무역기구(WTO) 농업협상이 시작될 예정이어서 농산물 시장개방과 농업보호 수준의 축소는 앞으로도 계속될 전망이다.

이런 상황에서 OECD 회원국 농업각료들이 농업의 다원적 기능을 인정한 것은 농업과 농촌의 역할에 대한 재평가를 의미한다. 농업의 다원적 기능은 80년대 후반 UR농산물 협상이 시작된 이후 강조돼온 농산물 무역자유화와 농업 보호수준의 감축정책에 대한 새로운 시각을 부여하고 있기 때문이다.

농업의 다원적 기능의 개념을 더 자세히 살펴보면, 시장이 존재하지 않거나 불완전해 시장기능에만 맡겨둘 경우 달성되지 못하는 서비스를 포함하고 있다. 환경과 자연경관 보전, 농촌편익 농촌경제에의 기여 등과 같은 것을 들 수 있다. 식량과 섬유의 공급이라는 농업의 기본적 기능 이상의 서비스다.

따라서 농업에 다원적 기능이 있다는 것은 농업활동이 시장가격에 제대로 반영되지 않는 이른바 외부효과를 수반하며 그만큼 정책적 보호 내지는 지원을 받아야 한다는 의미를 갖는다.

농업의 다원적 기능은 UR협상 당시 우리나라와 노르웨이 스위스 일본 등이 주장한 농업의 '비교역적 기능(Non-trade Concerns)'과 유사하지만 이보다 더 발전된 개념이라고 할 수 있다. 그러나 아직까지 구체적인 개념이나 특성 내용은 물론 농산물 무역자유화와의 관계, 다원적 기능강화를 위한 정책수단 등에 대해서 국제적으로 정립된 것이 없다.

현재 OECD는 농업위원회에서 회원국의 농업전문가들이 참석한 가운데 다원적 기능에 대한 논의를 진행하고 있다. 금년 4월과 11월에 개최되는 농업위원회를 거쳐 내년 초에 논의결과를 종합보고서로 발간

할 예정이다.

이 같은 일정은 국제기구 중 OECD가 비교우위를 가지고 있는 연구 분석작업을 통해 새로운 WTO 농업협상이 본격적으로 시작되기 전에 협상의 기초자료로 제공하기 위한 것이다.

UR협상 당시에도 OECD가 그 이전부터 사용해 오던 '생산자보조상 당치(Producer Subsid Equivalent)' 지표가 농업 보조수준을 협상하는 기초자료로 이용된 적이 있다.

이런 관점에서 농업의 다원적 기능에 대한 OECD의 논의는 WTO 협상과 연계해 우리에게 중요한 의미를 지닌다. 그동안 농업의 다원적 기능에 관한 OECD의 논의 과정에서 여러 가지 쟁점 사항이 부각됐다.

첫째, 농업의 다원적 기능에 농약 비료의 과다 사용으로 인한 수질 및 토양오염과 같은 부정적인 외부효과가 포함되는지 여부다.

둘째, 농업보호 감축과 무역 자유화가 다원적 기능에 미치는 영향이다. 농업보호가 무역자유화에 부정적 효과를 가져올 수 있다는 주장과 그렇지 않다는 주장이 있다.

셋째, 다원적 기능은 식량과 동시에 생산되는데 어느 정도까지 분리가 가능한가 하는 문제다. 이것은 다원적 기능을 강화하기 위한 정책 수단의 선택과 연관된 문제다.

넷째, 다원적 기능의 경제적 측면 외에 전통문화 보존, 사회통합, 국토 균형발전 등 사회문화적 기능에 대한 고려가 필요하다는 주장이다.

다섯째, 우리나라와 일본 노르웨이 등이 주장하고 있는 식량안보의 포함여부도 관건이다.

이 같은 쟁점들은 앞으로 OECD 회원국의 농업전문가들이 토의를 통해 합의를 이루어 나갈 것이다. 우리나라도 정회원국의 일원으로 논의에 적극 참여하고 있다.

앞으로 OECD의 다원적 기능 논의에 보다 많이 기여하기 위해서는 무엇보다 먼저 우리 나름으로 농업의 다원적 기능에 대한 이론적 실증적 분석과 연구가 이루어져야 한다.

이를 위해서는 학계와 연구기관 및 관련단체 전문가들의 노력이 필요하다. 이론적 뒷받침이 있어야만 보다 설득력 있는 입장을 취할 수 있고 새로운 농업협상을 준비하는 작업에도 도움이 될 것이다.

〈1999년 3월 3일자〉

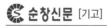

# '농업의 다원적 기능' 논의 활발

## 세계 농업 흐름에 대하여

우선 이렇게 지면을 통해 순창신문사의 애독자 여러분과 만날 수 있게 됨을 기쁘게 생각합니다. 최근 세계 농업은 이제까지 농업 농촌이 해 오던 역할을 재평가하는 방향으로 논의가 추진되고 있습니다. 작년 3월 OECD 회원국의 농업 담당 각료들은 긴 토론을 거쳐 합의를 한 각료선언문에 농업은 식량과 섬유 생산은 물론 자연 경관 유지, 토양유실 방지, 생물다양성 보전, 농촌지역의 사회적 경제적 발전에 기여하는 등 다양한 기능을 가지고 있음을 명시했습니다.

각료들은 농업의 이러한 기능을 농업의 다원적 기능이라고 이름을 붙였습니다. 이러한 개념은 농업과 농촌에 대한 재평가를 의미합니다. 농업의 다원적 기능은 80년대 후반 우르과이라운드 농산물 협상이 시작된 이후 강조해 온 농산물 무역 자유화와 농업 보호 수준 감축 정책에 대한 새로운 시각을 부여하는 것으로 우르과이라운드 협상 당시 우리나라와 노르웨이, 스위스, 일본 등이 제시한 농업의 비교육적 기능을 기능과 유사하지만 이보다 더 발전된 개념이라고 할 수 있습니다.

농업의 다원적 기능이 있다는 것은 농업 활동이 시장 가격이 제대로 반영되지 않는 외부효과를 수반하여 따라서 그만큼 정책적 보호 내지는 지원을 받아야 한다는 것을 의미합니다. 이러한 관점에서 한국, 프랑스, 스위스 일본 등의 나라는 새로운 농업 기본법을 만들어 가고 있으며 유럽 연합 EU 회원국들은 올해 3월 공동농업정책 개혁을 포함하는 아젠다 2000에 합의했는데 이 아젠다 2000이 시장 개입 가격을 감축하는 대신 그 일부를 직접 지불로 보상한다는 것을 내용으로 하고 있습니다.

프랑스의 경우를 예로 들면 농업은 식량과 가공 산업을 위한 제품을 생산하는 기능, 농촌지역에서 직업을 창출 유지하고, 균형된 토지 이용을 확산토록 돕는 사회적 국토적 기능, 자연자원의 보전 및 갱신 기능 등이 있으므로 새 기본법에는 농민과 당국자의 계약을 하도록 하고 농민이 이 계약에 따라 제품과 서비스를 생산할 경우 당국으로부터 지원을 받도록 하고 있습니다. 이 계약은 정부지원의 배분을 현대화 하고 더욱 투명하게 하는 한 방법이라고 하겠습니다.

농업의 다원적 기능에 대한 OECD의 이러한 입장에 대해서는 우리나라도 정회원 국으로 함께 논의하고 있는 만큼 앞으로 보다 이론적이고 실질적인 논의가 계속 되어야 할 것으로 생각합니다.

## 순창 고추장을 세계화 하려면

순창 고추장에 대해서도 드리고 싶은 말씀이 있습니다. 저는 발효식품은 식품 중에서도 가장 고급 단계라고 생각하고 있습니다. 그리고 우리나라의 고추장은 세계적으로도 경쟁력이 높은 식품입니다. 흔히 서구 사람들이 매운 맛에 익숙하지 않다고 하는데 사실은 그렇지 않습니다. 이곳 프랑스 사람들도 매운 겨자를 곧잘 먹습니다. 우리나라 음식은 고추장이 들어가는 것이 많으므로 고추장을 이곳 사람들에게 맛을 들이면 우리나라의 음식이 프랑스와 같이 음식이 발달한 나라에 자리를 잡는 것도 그리 어려운 일이 아닙니다.

중요한 것은 이들이 손쉽게 접할 수 있도록 하는 것입니다. 그러기 위해서는 포장용기 개발 있어야 합니다. 한국에서 나오는 고추장 용기를 보면 외국인들을 수요 대상으로 전혀 생각하고 있지 않는 듯합니다. 최소 1kg 이상 판매하고 5kg 심지어는 10kg도 나오는데 이렇게 해서는 외국인들에게 접근할 수가 없습니다.

요즘 모 항공사에서 하듯이 튜브 같은 곳에 넣어서 작은 크기로 예쁘게 넣는다면 유럽인들도 손쉽게 대할 수 있을 것입니다. 그리고 무엇보다 품질관리에 철저한 노력을 기울여야 합니다. 종류도 매운맛, 단맛, 덜 매운맛처럼 다양하게 만드는 것도 필요합니다. 순창에 계신 여러분들이 이에 대한 보다 깊은 관심과 노력을 기울이시면 보다 좋은 결과가 있으리라 믿습니다. 기회가 된다면 저도 여러분을 위해 최선을 다 해 보겠습니다. 감사합니다.

〈1999년 8월 31일자〉

# 미국판 '신토불이' 운동

얼마 전 미국 동북부에 있는 뉴햄프셔주와 버몬트주를 다녀왔다. 이곳은 넓은 벌판이 연상되는 일반적인 미국 농촌과는 크게 다르다. 우리의 강원도와 비슷하다. 산세는 완만하지만, 산이 많다. 미국 농가의 평균 경지면적은 우리의 100배가 넘는 180ha다. 이곳의 경지면적은 70ha 정도로 미국에서는 작은 편이다.

최근 이곳에서는 화학비료와 농약을 전혀 사용하지 않는 유기농의 숫자가 늘어나고 있다. 호르몬, 항생제, 동물약품을 전혀 사용하지 않는 유기농 우유의 생산도 증가하고 있다. 특히, 주(州) 농업부, 시민단체가 중심이 돼 지역에서 생산된 농산물을 구매하자는 'Buy Local'(바이 로컬) 운동을 활발히 전개하고 있다. 이를 통해 지역 농업인도 돕고, 출처불명의 농식품에 대한 불안감도 해소하자는 것이다.

미국판 신토불이인 'Buy Local' 운동은 식품안전, 환경보호와 결합된 것이다. 지난해 중국산 멜라민 파동, 올해 초 땅콩버터 식중독 사건을 거치면서 미국인들의 식품안전에 대한 불안감은 커지고 있다. 매일 먹는 식품, 농산물을 누가 생산했는지 알고 싶어하는 소비자들의 욕구와 생산 농산물의 판로를 찾고자 하는 농업인들의 이해가 맞아떨어진 것이다. 한발 더 나아가 버몬트주에는 지역에서 생산된 농산물로 음식을 만드는 식당도 있다. 이 식당의 메뉴 뒷면에는 원료 농산물을 공급하는 농장의 이름이 기록돼 있다. 이 지역 주민이라면 이들 농장이 어디에 있는지, 농장 주인이 누구인지 잘 안다. 이웃이자 친구가 생산한 농산물로 만든 음식을 믿고 사 먹는 것이다.

지역 농산물을 소비하는 사람을 나타내는 새로운 용어도 사용되고 있다. 즉, 'localvore(로컬보어)', 일명 신토불이족이라고 할까? 이 단어는 영어 육식동물(carnivore·카니보어), 초식동물(herbivore·허비보어)에서 따온 말이다.

미국 의회도 식품안전을 강화하기 위해 '식품안전증진법'을 만들고 있다. 이 법은 이미 지난 7월 하원을 통과했다. 이번 가을 상원에서 논의될 예정이다. 이 법안에 따르면 모든 가공업체는 등록비를 내고 등록해야 하며, 식품안전을 책임지고 있는 미국 식약청(FDA)의 권한을 강화하는 내용도 포함돼 있다. 우리도 식품안전과 환경보호를 위해 신토불이 운동에 다시 한 번 불을 지피는 것은 어떨까 생각해 본다.

〈2009년 10월 14일자〉

# 누에와 창조경제

상전벽해(桑田碧海). '뽕나무밭이 푸른 바다로 변한다'는 표현으로 '세상이 몰라볼 정도로 바뀐다'는 뜻이다. 1960~70년대 약 2억7000만달러의 수출고를 기록하며 전성기를 누리다 1980년대 중반 이후 급격한 쇠락을 경험하고, 최근 들어 부활하고 있는 양잠산업에 제대로 들어맞는 말이다.

현재 양잠산업은 뽕·오디·누에분말·누에그라·화장품 생산 등으로 발전하고 있다. 컬러누에로 만든 컬러실크, 형질전환누에를 이용한 형광실크는 기존의 실크에 가치를 더한 것이고, 누에고치는 바이오기술과 만나 인공고막·인공뼈를 만드는 의학소재로까지 가치가 확장됐다. 이제 양잠산업은 누에로부터 비단을 만드는 단순사업에서 탈피해 관광·체험·화장품 등 다양한 산업으로 변신하고 있다.

실제 지난해 실크 화장품 생산 기술을 이전받은 업체는 110억원어치의 매출을 기록했으며, 현재 양잠산업 규모 두 700억원 정도까지 성장했다. 2015년께는 2000억원대에 이를 것으로 예상된다.

양잠이 사양산업에서 고부가가치 신소재산업으로 부활한 이유는 무엇일까? 바로 '발상의 전환'이다. 양잠산업이 중국산 저가의 생사 수입과 더불어 노동집약적 산업의 구조적 약점으로 인해 쇠퇴할 때, 농촌진흥청은 과거 비단 생산을 목적으로 하던 양잠에 색다른 시각과 연구를 접목해 새로운 패러다임을 만들어냈다. 뽕잎의 영양분과 기능성을 제대로 살릴 수 있는 동결건조분말 제조기술로 차·아이스크림 등의 다양한 상품을 만들었고, 사람의 인지개선 효과가 입증된 기능성 추출물을 개발해 양잠산업의 새로운 도약을 가능케 했다. 최근에는 실크단백질을 이용한 인공뼈와 인공고막을 개발해 더 큰 변화가 기대된다.

이처럼 변화한 양잠산업은 우리 농업에 시사하는 바가 크다. 사양사업의 복원에 그치지 않고 창조적 상상력에 첨단기술을 융복합해 기능성 식품 및 바이오 제품을 생산함으로써 양잠산업은 새로운 고부가가치 산업으로 전환됐다. 농가 소득 증대와 일자리 창출에 기여함은 물론이다.

부안군은 농진청에서 '신활력 누에타운'으로 지정한 전북 부안군 유유마을과 인근 지역을 '부안누에타운'의 핵심지역으로 집중 육성하고 있다. 이곳에선 뽕잎 차·과자·비누 만들기 같은 가족단위 체험과 오디술·누에환 등의 지역 특산물을 맛볼 수 있는 종합 체험프로그램을 운영하고 있다. 경북 영천에서도 깨끗한 환경을 활용해 청정누에마을을 조성했다. 이곳은 도시민들에게는 휴식과 체험의 공간으로, 마을 주민들에게는 새로운 일자리로 각광받고 있다. 이처럼 기존 산업에 상상력과 창의성·과학기술을 접목해 새로운 제품을 만들고 새로운 시장을 창출하는 창조경제를 이룩할 수 있었다.

외국에도 이런 사례가 많다. 영국 다이슨사는 날개 없는 선풍기를 만들어 기존 제품의 4~6배 가격으로 판매했다. 미국 나이키사는 달린 거리와 소모한 칼로리를 자동 기록해 스마트폰으로 전송하는 스마트 칩을 운동화에 장착했는데, 기존 제품의 2배 가격임에도 불구하고 판매량이 증가하고 있다고 한다. 모두 발상의 전환으로 고부가가치를 이룩한 사례다.

미국 하버드대학의 심리학 교수 윌리엄 제임스는 "사고방식을 바꾸면 세상이 바뀐다는 것, 이것이 금세기 인류 최대의 발견"이라고 말한 바 있다. 1970년대 옷감 생산에만 이용되던 누에가 21세기 '뉴 실크로드'의 주역이 되고 사양산업이 바이오소재산업으로 변신할 수 있었던 것도 바로 사고의 전환에서 비롯됐다. 생각을 조금만 바꾼다면 농업·농촌에도 새로운 활력을 주는 제2, 제3의 양잠산업이 계속 탄생할 것이라 믿어 의심치 않는다.

〈2013년 12월 2일자〉

# 우장춘 박사 현대농업 연구의 물꼬 터

　태극기를 높이 흔들며 기뻐 외치던 광복의 그날은 설움과 핍박을 견디어낸 우리 민족의 값진 승리였다. 그러나 무엇 하나 풍족하지 않았던 시절, 쌀 한톨, 배추 한포기조차 내 것이 없었다. 눈만 뜨면 끼니 걱정으로 하루를 보내야 했다. 맨손으로, 맨땅을 자식처럼 일구며 내일에 대한 희망으로 살았다. 굽이굽이 곡절 많은 시간은 그렇게 켜켜이 70년이란 세월을 쌓았다.

세월은 참 많은 것을 바꿔놓았다. 도대체 이겨낼 재간이 없던 보릿고 개의 배고픔도 풍요로움 속에 잊힌 지 오래고, 황량했던 들판에는 높 다란 건물들이 빼곡히 들어섰다. 이런 변화와 발전은 국민을 배부르게 만든 농업의 혁신에서 출발했다.

해방 후 일본에서 귀국한 우장춘 박사가 배추와 무의 일대잡종 품 종을 육성하면서 현대 농업 연구의 물꼬를 텄다. 그 연구는 우리나라 가 배추와 채소 종자 개발 선진국이 되는 시발점이 됐다. 일본 종자에 의존하던 농사도 이젠 우리 종자로 얼마든지 심고 키울 수 있게 됐다.

1970년대 농촌진흥청이 개발·보급한 〈통일벼〉는 병에 강하며 수량 도 많아 '식량 자급'을 달성하는 원동력이 됐다. 1977년 쌀 생산량은 1 ㏊당 4.94t에 달해 세계 최고를 기록했다. 당시 직접 농사를 지어 먹음 으로써 절약한 외화만 연간 8336억원에 이른다. 우리는 이를 '녹색혁 명'이라 부른다.

1980년대 들어 비닐하우스 재배 기술로 사계절 내내 신선한 과일과 채소를 즐길 수 있게 한 '백색혁명'은 우리 국민의 식생활 수준을 크게 향상시켰다.

그리고 지금, 농진청이 새로운 100년을 목표로 지속 가능한 연구 개 발에 집중하는 것도 더 나은 미래 실현을 위해서다. 몸에 좋고 맛도 좋은 100년의 먹거리를 준비해야 하는 역사적 사명 때문이기도 하다. 또한 우리는 기능성 강화와 친환경 농업에 골똘하며, 부족한 노동력과 자원, 기후변화라는 변수를 극복해 다음 세대에 아름다운 대한민국을 물려줄 의무가 있다.

이를 위해 농업에 정보통신기술(ICT)을 융·복합한 새로운 기술 창조에 주력하고 있다. 세계 150여 나라를 대상으로 조사하는 'ICT 발전지수'를 보면 우리나라는 조사를 시작한 2009년 이래 지속적으로 1·2위를 차지하고 있다.

ICT 발전은 농촌의 어려움을 해결하기 위한 첫번째 대안일 수 있다. 호당 1.5ha 수준의 영세한 농지 규모, 농가 세가구 중 한가구는 70세 이상이 경영주인 고령화 문제도 ICT 융·복합으로 풀어갈 수 있다. 또 시설농업은 우리나라의 총 경지 면적 중 3%에 불과하지만 농업 생산액의 16%를 차지하는 만큼 융·복합을 통한 상승 효과가 기대되는 분야다.

덕분에 '스마트팜'에 대한 농가의 기대와 성과도 조금씩 높아지고 있다. 과채류 접목 작업이 사람보다 3~5배 뛰어난 로봇이나, 논 잡초를 사람보다 16배 더 빨리 제거하는 로봇도 개발하고 있다. 또 정보통신과 생명공학을 결합한 농업생명공학의 원천기술 개발도 중요하다. 바이오장기 같은 미래를 대비한 축산기술과 갈색거저리·지네 등 곤충을 식량이나 의약품으로 활용하기 위한 연구도 한창이다.

이스라엘은 사막이라는 제약을 극복하기 위해 농업기술이 발달했다. 네덜란드도 척박한 토지를 이용해 낙농과 원예 수출국으로 거듭났다. 한계를 넘으면 상상만 했던 일들이 하나씩 눈앞에 펼쳐지고, 우리는 그만큼 더 풍족한 세상을 가까이 할 수 있다. 오늘보다 나은 내일은 결코 거저 주어지지 않는다. 역사 속 피땀 어린 노력이 있었기에 한 뼘 더 성장한 미래를 누릴 수 있음을 기억해야 할 것이다.

〈2015년 8월 12일자〉

# 닭 울음소리와 초인의 백마

원숭이 해인 병신년이 저물고 정유년 닭의 해가 밝았다. 남쪽을 지키는 말과 같은 십이지의 하나로서 서쪽을 수호하는 '닭'은 세상의 아침을 가장 먼저 맞이하고 알리는 동물이다. 알람이 없던 시절, 먼 옛날부터 마당의 닭이 새벽에 홰를 치며 '꼬끼오' 하고 울면 사람들은 잠에서 깨어날 때임을 알아챘다. 그래서 닭은 은유적으로 '시작' '출발' '희망'을 이야기한다.

새해 초 집 대문에 복을 빌고 화를 물리치기 위해 붙이는 '세화' 가운데 닭 그림이 있는데 밤에 떠돌던 귀신들이 새벽닭 울음소리를 듣고 도망간다고 생각했기 때문이다. 닭피를 뿌리는 것도 같은 이유다. 민간신앙에 의하면 귀신이나 도깨비를 쫓기 위해 말피를 썼다고 하는데 말이 너무 귀하다보니 닭피로 대신하게 된 것으로 추측된다.

한나라 한영이 지은 '한시외전(韓詩外傳)'에는 닭을 선비에 빗대어 다섯 가지 덕을 칭송한 대목이 있다. "머리의 관은 문(文), 발에 갈퀴는 무(武), 적에 맞서 용감히 싸우는 것은 용(勇), 먹이를 보고 동료를 부르는 것은 인(仁), 때에 맞추어 시간을 알림은 신(信)이다."

옛 그림에서도 수탉의 볏과 관직의 한자가 '冠(관)'으로, 닭 그림은 출세를 의미했다. 지체 높은 양반들의 전유물이었기에 역시 입신양명을 상징했던 말 그림과 공통점을 갖는다. 언제부터인가 닭이 머리가 나쁜 사람을 비유하는 대표적 비속어로 전락했다는 사실이 안타깝지만, 전통적으로 닭 또한 말처럼 긍정적인 이미지를 가진 상징적 존재다.

말과 닭은 옛 사람들에게 하늘과 땅을 오가는 신령스러운 존재로 인식되었다는 점에서도 닮았다. 날개 달린 닭, 그리고 바람처럼 빨리 달리는 말은 천상과 지상의 경계에 위치한 까닭에 영혼을 실어가고, 신의 뜻을 전할 수 있는 능력이 있다고 여겨졌다. 조선시대 상여 위에 달린 '꼭두닭'이나 흑마를 탄 월직사자와 백마를 탄 일직사자 장식도 이들이 이승의 영혼을 저승으로 인도한다는 믿음을 보여준다.

우리나라 역사에서도 말과 닭의 만남을 목격할 수 있다. 신라의 건국 신화를 보면 박혁거세는 하늘에서 내려온 말이 두고 간 알에서, 그 왕후인 알영은 닭의 형상을 한 용의 겨드랑이에서 태어났다. 이를 두고 말과 닭을 토템으로 한 세력의 결합으로 탄생한 국가를 의미한다는 해석이 있다.

시인 이육사는 '광야'에서 까마득한 옛날 하늘이 열리고서야 들렸을 닭 울음소리와 먼 훗날 초인이 타고올 백마를 통해 독립에 대한 우리 민족의 뿌리 깊은 열망을 드러냈다. 여기서 닭은 세상의 시작을 알리는 상징적 존재이고, 백마는 초인과 함께 다시 찾아올 희망과 광명 그리고 존귀함을 나타낸다.

닭과 말이 사람들에게 없어서는 안 될 귀하고 요긴한 가축이라는 사실은 고대부터 면면이 이어져오고 있는 이들 신비로운 이야기들의 탄생 배경에 자리하고 있다. 그런데 수천 년이 지난 오늘날 우연히도 우리의 닭과 말이 모두 어려운 처지에 놓여 있다. 지난해 말부터 전국의 양계농가는 조류인플루엔자(AI) 확산으로, 한국마사회는 10년 넘게 공들여온 승마대중화 사업이 소수의 사람들에 의해 귀족승마라는 부정적 이미지로 어려움을 겪고 있기 때문이다.

그러나 위기가 기회라는 말처럼 지금이 우리 모두의 관심과 지혜를 모아야 할 때라고 생각한다. 한국마사회는 지난해 말 렛츠런재단을 통하여 전국 양계농가를 돕기 위해 3억원의 긴급 기부금을 전하였다. 새해 시무식 직후에는 전 직원이 삼계탕을 먹으며 닭·오리고기 소비 촉진에도 앞장섰다. 매주 경마가 있는 날에는 닭·오리고기 소비 촉진 캠페인을 벌일 계획이다.

승마대중화 사업도 전국의 크고 작은 수백 개의 승마장들과 함께 일관성 있게 유지할 것이다. 그것이야말로 작은 바람들에 휘둘리지 않고 온 국민이 승 마를 쉽게 즐길 수 있게 하자는 당초의 백년지계를 이룰 수 있는 일이라 믿기 때문이다. 묵은 과거를 털어내고 새롭게 시작하는 정유년, 닭의 힘차고 길한 울음소리로 출발하는 희망찬 한 해가 되기를 빌어 본다.

〈2017년 1월 17일자〉

# 마도성공(馬到成功)의 기운을 전파할 때

말(馬)은 인류의 역사를 바꾼 신물이다. 대철학자 야스퍼스는 인류가 역사를 가질 수 있는 5대요소의 하나로 말을 꼽았다. 인간을 노동으로부터 해방시키고 전투기술을 제공하여 역사를 만들었기 때문이다. 말은 기원전 17세기부터 20세기까지 전쟁의 도구는 물론 대륙간 문화 교류를 촉진한 역할을 해왔다.

우리 모두가 기억하는 영화 '벤허'의 클라이막스는 전차전투 장면일 것이다. 기병을 앞세워 타국을 정복하고, 문화를 전파하여 제국을 형성했던 고대부터 근세까지 말을 소유한 국가는 강국으로 세계를 지배해왔다. 18세기 영국의 산업혁명에서 비롯된 기계문명의 급속한 발달은 말의 가치를 쇠퇴시킨 게 사실이다. 그러나 디지털의 총아인 2017년에도 말의 효용은 무궁무진하며 말을 소유하기 위한 지구촌 전쟁은 지금도 진행 중이다.

말을 소유하기 위한 국가간 경쟁의 최전선은 경마시장이다. 전 세계적으로 경마를 시행하는 국가는 100여개국이다. 모두 강한 말을 생산하여 경주에서 검증하고 생산에 환류시키는 종합산업으로 발전하고 있다. 이웃 일본은 24개의 경마장을 보유하고 유수의 세계 경마대회에서 우승마를 배출하는 등 최강국의 지위를 유지하고 있다. 그 시초는 1990년대에 100억 원이 넘는 씨수말을 미국에서 수입하여 꾸준히 혈통개량에 매진한 노력의 성과다.

우리나라는 이제 Part2 국가에 진입하여 경마선진국 입성을 목전에 두고 있으며, 경마발전을 위한 말산업의 중요성을 인식하고 정부와 마사회가 불철주야 노력하고 있다. 그러나 경마에 국한해서는 산업으로서 경제적 가치를 창출하는데 한계가 있음을 절감해왔다.

이를 극복하기 위해 정부는 2011년 세계 최초로 '말산업육성법'을 제정하여 주마가편의 기반을 마련했다. 말산업은 FTA 등으로 어려움에 처한 농어촌에 활력을 불어넣을 신성장 동력으로 주목받았고, 각 지자체에서 말산업특구 지정을 위해 나서는 등 전국적인 관심을 얻게 된다.

육성법 제정 후, 농식품부와 한국마사회가 5년여에 걸쳐 각고의 노력을 기울인 결과는 지대하다. 지난해 국가통계로 승인된 '말산업실태조사'에 따르면 국내 말사육두수는 2만6330두, 승마시설은 457개소, 정기승마인구는 4만2974명으로 조사됐다. 그간 주변부에 머물러있던 말이 점차 산업으로서 정착되어 가고 있는 긍정적 지표로 해석할 수 있는 대목이다.

올해는 제2차 말산업육성 5개년 종합계획이 수립되는 첫 해다. 그간의 말산업 목표와 방향에 따르면 다양한 정책들이 담길 것이다. 소득 수준에 따라 변화하는 레저수요에 맞춰 승마체험 활성화, 생산농가 확대, 산업적 가치고양, 승마기반 개선 등이 그것이다.

제2차 종합계획이 정상적으로 추진될 때, 말 농가가 확대되고 가까운 곳에서 승마를 즐길 수 있게 될 것이다. 말을 이용한 각종 상품(마유, 말고기, 화장품 등)이 활발하게 소비되어 농축산인의 새로운 소득 창출원으로 자리잡을 것으로 기대한다.

마도성공(馬到成功)이란 말이 있다. '말이 거침없이 달려 도달하듯이 성공을 이루시라' 는 뜻으로 중국 진시황의 고사에서 유래가 되었다. 2017년 정유년 새해는 말산업이 국민들과 공감대를 형성하는 원년이 될 것이다. 생활체육으로서의 승마기반을 확대하여 누구나 저렴한 가격에 승마를 즐길 시설을 확대할 것이다. 인마(人馬)교감의 특성으로 장애극복의 치유효과가 검증된 승마힐링센터를 확대, 삶의 질 향상도 도모할 것이다.

눈을 돌리면 누구나 쉽게 말과 함께 할 수 있는 새로운 한해. 마도성공의 기운을 체감할 수 있는 한해가 될 수 있도록 국민들의 따뜻한 관심과 애정을 기대해본다.

〈2017년 2월 21일자〉

# 한국 경마 100년의 과제

축구에 월드컵이 있다면 경마에는 세계 최고 경주마들의 각축장인 '두바이 월드컵' 경주가 있다. 결승전 하루에 걸린 총상금만 해도 300억 원이 넘는다.

경마계에서는 꿈의 경주다. 올 3월 25일, 이 경주에 한국 경마 사상 처음으로 '트리플나인'이라는 국내산 경주마가 결승전에 진출해서 세계 최정상 마필들과 자웅을 겨뤘다. 비록 입상에는 실패했지만, 출전 그 자체만으로도 상상을 뛰어넘는 의의를 가진다.

국내 경마는 1922년 한강 백사장에서 펼쳐진 경주부터 현재까지 약 100년 가까운 전통을 갖고 있다. 거의 전량 외국산 마필을 수입하다 1980년대 후반부터 마필 생산에 뛰어들어 지금은 경주마의 80% 이상을 국내산 마필로 자급할 만큼 외형적인 규모는 성장해 왔다.

말 생산 인프라 구축, 고가의 우수 씨수말 도입, 전문인력 양성, 선진 기술 도입 등 정부, 마사회, 말 생산 농가들의 각고의 노력이 이어지며 질적인 부문에서의 성장도 일정 부분 이뤄내고 있다.

한국은 지난해 경마 중진국으로 분류되는 PART Ⅱ 단계로 진입했다. 우리의 경주 실황을 마카오, 싱가포르, 호주 등에 수출하고 있으며, 마권 발매 시스템을 상품화했고, 베트남의 경마장 건설 사업에 자문도 하게 될 것이다.

이처럼 경마가 발전을 거듭하고 있지만, 경마에 대한 인식 수준은 답보 상태에 있어 안타깝다. 경마 선진국은 통상 선진국들이다. 외국의 경우, 왕실 가족이나 유명 인사들이 경마장을 즐겨 찾는다. '멜버른 컵'이 열리는 호주의 빅토리아 주처럼 대회가 열리는 날을 공휴일로 지정한 곳도 있다.

금번 두바이 월드컵을 현장에서 지켜보며 많은 생각을 했다. 두바이 왕가의 전폭적인 지원으로 대회가 개최되고, 수백 명에 달하는 각국 기자들의 취재 열기, 왕족은 물론이고 저명인사, 그리고 시민들이 한데 어우러져 축제로 승화된 모습은 동경 그 자체였다.

우리가 꿈꾸는 바람직한 경마 문화는 영화 한 편을 보듯이 경마공원에 와서 즐기다 좋은 추억을 안고 귀가하는 것이다. 그렇게 하기 위해, 좋은 마필을 생산해 스타 경주마로 키우고, 그 경주를 재미로 즐기는 말 산업의 선순환 구조를 만들어야 한다.

〈2017년 5월 2일자〉

# 戰馬(전마) '아침해'를 추모하며

어느덧 올해로 6·25전쟁 발발 67년을 맞는다. 해마다 이쯤이면 우리는 전쟁 중에 초개처럼 쓰러져간 수많은 숭고한 희생을 추도한다. 그 희생 중 기억해주는 이 하나 없이 쓰러져간 전마들도 있다는 사실을 아는 사람은 드물다.

기원전부터 말은 인류 전쟁사에 중요한 요소였다. 말이 용이하게 원거리 이동과 뛰어난 전투기술을 제공했기 때문이다.

기원전 17세기, 힉소스는 전차를 타고 이집트를 침략했고, 힉소스를 축출한 이집트는 말과 전차로 무장하여 서남아시아로 진출한다. 이집트를 필두로 한 본격적인 제국주의 시대는 이렇게 서막을 열었고, 동양의 한(漢) 무제(武帝)는 서역의 '한혈마(汗血馬)'를 탐하여 대완국(大宛國) 정벌에 나선 바 있다.

동력기관의 발명에도 불구, 기마대는 20세기 전반까지 존속되었다. 항일독립투쟁 당시 독립군 내에서도 기병대 역할이 컸다. 초대 국무총리를 지낸 철기 이범석 장군이 만주에서 독립군 기병대 교관이었다는 것은 유명한 일화다.

6·25전쟁 당시 명성을 떨친 '아침해'(생년 미상~1968)라는 말이 있다.

서울 신설동 경마장 경주마였던 암말 '아침해'는 미 해병대에 차출되어 탄약과 포탄을 나르는 임무에 투입됐다.

군인들도 도망가곤 하는 전장에서 끝까지 자신의 역할을 해냈기에 같은 부대원들이 '무모할 정도로 용감하다'는 의미의 '레클리스(Reckless)'라는 새 이름노 붙여주있다.

특히 그녀는 1953년 3월26일부터 닷새간 중공군과 맞붙은 일명 '네바다 전투(연천전투)'에서 보급기지와 최전방고지를 386회나 왕복하며 승리에 크게 기여했다. 산에서 부상자를 하산시키고, 포탄을 날랐으며, 눈과 다리에 총상을 입고도 임무를 완수했다. 종전 후, 미군은 이 전마를 미국으로 이송해 훈장을 수여하고 하사로 진급시켰으며 성대하게 퇴역식까지 열어주며 그 공을 기렸다.

태생적으로 겁이 많아 작은 소리에도 잘 놀라는 '말'이 전장에서 인간과 함께 생사고락을 함께한 것을 보면 그 용맹함이 경이롭기만 하다. 주인을 위해서 죽음까지 무릅쓰는 말의 특성 때문에 예부터 '견마지성(犬馬之誠)'이라는 말로 높은 충성심을 빗대어 표현하였나 싶다.

오랜 역사 속에서 말은 이처럼 전장의 전우로서 역할을 다해왔다. 그 공을 기려 알렉산더 대왕은 그의 애마 '부케팔로스'의 이름을 띤 도시를 건설했고, 미국은 해병대 본부에 전마 '레클리스'를 위한 기념관과 동상을 세운 바 있다.

늦은 감이 있지만 2014년 6월 한국마사회도 우리나라의 말 문화를 빛낸 위대한 영웅으로 '아침해'를 선정했고, 그녀의 무용담은 책과 뮤지컬로도 제작되어 우리 곁에 스며들고 있다.

아름다운 6월의 아침, 오늘의 대한민국이 누리는 자유와 민주주의에는 '아침해'를 비롯해 전쟁터에서 쓰러져간 수많은 마필의 희생도 있었다는 사실을 기억하며 추모의 마음을 전해본다.

〈2017년 6월 6일자〉

미국 해병대박물관에 전시된 '아침해' 동상

# 21세기 기업생존 '우문현답'에서 답 찾을 때

　예로부터 농자천하지대본(農者天下之大本)이라 했다. 농업이 삶의 근본이란 의미다. 이 같은 근본이 흔들리는 위기를 맞아 정부와 기업, 단체 등 각계각층이 두 팔을 걷어붙이고 나서고 있다. 한국마사회도 예외는 아니다. 일명 '릴레이 봉사활동'을 펼치며 전국 농가에 단비와 같은 도움의 손길을 내밀고 있다.

　기업의 성공척도를 수익확대와 비용축소에서만 찾던 시기가 있다. 그런 관점에서 보면 회장을 비롯해 모든 임직원이 현업을 미룬 채 행하는 '릴레이 봉사활동'은 상당히 비효율적이다. 하지만 21세기에 접어들며 기업을 둘러싼 환경이 바뀐 것 또한 사실이다. 그중에도 기업에 대한 사회적 책임(Corporate Social Responsibility)을 요구하는 거센 목소리는 문화는 물론, 기업의 사회공헌 패러다임마저 크게 변화시켰다.

　과거에는 쌀, 연탄 등의 생필품을 제공하는 1회성 지원이 사회공헌의 주를 이뤘으나, 현재는 기업의 특성을 살린 봉사활동이 트렌드로 자리 잡고 있다. 재능기부활동이 대표 사례다. IT와 미용업계 등 전문지식과 기술을 요하는 분야에서 활발히 이뤄지고 있으며, 지자체도 지역 명인 등을 활용해 적극 동참하고 있다.

국내 유일의 말산업 육성전담기관으로서 한국마사회도 전체를 조망하는 관제탑 역할에서 벗어나 현장과의 소통에 주력하고 있다. '국민과 함께하는 말산업 육성'이란 목표를 달성하기 위해선 무엇보다 현장의 목소리에 귀를 기울여야한다. 우리는 이것을 '우문현답'이라고도 한다. '언제나 우리 문제는 현장에 답이 있다'는 뜻이다.

특히, 다양한 사회공헌활동 중 이와 맥락을 같이 하는 게 '프로보노(렛츠런 엔젤스) 데이'다. 프로보노는 전문가들이 지식을 활용해 약자와 취약계층을 돕는 활동을 의미한다. '공익을 위한다'는 의미의 라틴어(pro bono publico)에서 유래한 용어이기도 하다. 한국마사회는 이 취지에 맞게 매년 수차례 프로보노 데이를 개최해 취약계층 지원과 말산업 육성에 앞장서고 있다.

구체적으로 농가와 승마장을 대상으로 수의, 장제, 방역, 육성조련 등의 전문지식을 전달하고 있으며, 복지시설과 취약계층의 환경개선에도 큰 힘을 쏟고 있다. 재활승마를 활용한 장애치유도 수혜자들로부터 인기가 높다. 농식품부와 농진청 등을 거치며 농어촌의 현실을 잘 아는 필자 역시 미약하나마 꾸준히 참여하며 힘을 보태고 있다.

이런 노력을 인정받아 한국마사회는 지난 7월 국무총리 표창을 수상하는 영예를 안았다. 도농교류의 날을 맞아 농촌지역 활성화에 기여한 기업을 대상으로 한 행사였던 만큼 의미도 컸다. 하지만 사실 나에게 재능기부행사가 더욱 값진 이유는 수혜자들의 환한 미소에 있다.

21세기 지구촌은 정보가 따라잡기 힘든 속도로 쉼 없이 이동 중이다. 수 십 년간 대중의 사랑을 받던 기업도 한 번의 실수로 추락해 도산할 수 있다. 특히 사행산업이란 틀에 묶여 부정적 이미지가 큰 마사회와 같은 기관은 더욱 그렇다. 그런 의미에서 사회공헌활동이 중요하다.

　마사회는 재능기부활동 외에도 재활·힐링 승마, 청소년 드림센터, 기부금 집행 등 다양한 사회공헌활동에 매진하고 있다. 재활·힐링승마는 말을 매개로 장애를 치유하는 것으로 해외에서도 인기다. '렛츠런 청소년 드림센터' 조성사업은 학교 밖 청소년들에게 이러한 취지의 기회를 주려는 목적에서 마련됐다.

　올해 5월 새 정부가 들어서며 각계각층에서 다양한 목소리가 높다. 그중에서도 상생과 복지증진 차원에서 사회공헌활동은 당장에 실현 가능한 대안이다. 그리고 이것이 모든 기업과 국민들이 '우문현답'의 의미를 가슴에 깊이 새겨야 될 이유가 아닐까 싶다.

〈2017년 7월 18일자〉

## ⓔ 每日新聞

# [김병구의 서울생활, 어떻습니까?]
# 이양호 농촌진흥청장

**"농가도 경영마인드 갖춰야...경북 농민사관학교 전국에 세우자"**

▷1959년 경북 선산군(현 구미시) 옥성면 덕촌리 출생 ▷선산 덕촌초·대구 경북중·영남고 졸업 ▷영남대 행정학과 졸업 ▷태국 아시아과학기술원(AIT) 농식품공학 석사 ▷행정고시 26회 ▷농림수산부 무역진흥과장·행정관리담당관·투자심사담당관·협동조합과장·기획예산담당관·조직인사담당관·투융자평가통계관·홍보관리관·농업정책국장 ▷경제협력개발기구(OECD) 대한민국대표부 농무관 ▷주미 한국대사관 공사참사관 ▷농림수산식품부 식품산업정책실장·기획조정실장 ▷농촌진흥청장

이양호(56) 농촌진흥청장은 농촌에서 태어나 농림수산식품부에서 잔뼈가 굵었고, 지금도 농업 분야 과학기술 개발에 전력을 쏟고 있다. 한평생 농업과 농촌 현실에 천착해왔기에 농업의 과거와 현재, 미래를 꿰뚫고 있다.

이 청장은 '농민 속, 농촌 속'으로 들어간 현장정책을 특히 중요시한다. 이 때문에 이 청장이 내거는 농진청의 모토는 '고현정'이다. 농민 '고'객 중심, 농촌 '현'장 중심, 농민과 농촌을 위한 '정'책 중심을 바탕으로 한다는 의미다. 그래서 농민들을 직접 찾아가 종자, 기후, 토양, 질병 등 어떤 쪽에서 문제가 생겼는지 전문가 진단을 한 뒤 해결책을 제시하는 맞춤형 농업 컨설팅에 정책의 주안점을 두고 있다.

그는 "농업 분야는 연구를 위한 연구가 아니라 농민들의 어려움을 해소할 수 있는, 현장에서 꼭 필요한 기술을 연구·보급해야 한다"고 강조했다.

공직에서 물러난 뒤에도 농사를 짓는 부모님 곁에서 체험농장을 운영하고픈 마음이 있을 만큼 농촌과 농업에 대한 애착이 강한 그로부터 농촌 현실과 농업의 미래에 대해 들어봤다.


**-농촌의 당면 문제는.**

▶개방화, 노동력 부족, 기후변화 등 3가지 어려움에 처해 있다. 자유무역협정(FTA)을 비롯한 개방화로 외국 농산물이 대거 유입되고 있는 현실에 직면해 있다.

농촌의 급속한 노령화에 따른 노동력 부족도 심각하다. 농촌에 40대 이하는 잘 없고, 농장주의 평균 연령이 65세 정도다. 규모 있는 농업을 통해 상업화를 하려면 기계를 제대로 활용할 수 있는 노동력이 필요하다. 결국 외국인노동자를 주로 활용하고 있는 실정이다.

온난화 등 기후변화에 대한 대응도 시급하다. 올 초부터 많이 가물어 보리, 밀, 감자 등 봄 작물이 잘 안됐고, 저수율이 낮아 내년 봄에도 어려움이 예상된다. 제주도에서 아열대 작물인 커피를 키우고, 영천'경산의 사과가 강원도까지 올라갔고, 나주 배는 경기도 안성까지 진출했다. 기후 변화에 따른 작물 재배방식의 변화와 적절한 대응이 필요하다.

### -농촌 현실에 대한 타개책은.

▶정부의 정책적 지원과 함께 선진농업과학기술 보급이 필요하다. 농식품부는 보조금과 같이 농촌에 대한 자금지원과 규제완화 등 정책적 지원을 해야 한다. 농촌진흥청은 첨단과학기술을 도입해 농업의 자동화로 부가가치를 높이는 역할을 해야 한다.

### -농촌진흥청의 역할은.

▶1962년 설립 이후 53년 만인 지난해 7월 전라북도 혁신도시로 옮겼다. 본청과 4개 과학원으로 구성돼 있다. 식품·농기계·미생물·곤충 등을 연구하는 농업과학원, 원예작물과 관련한 원예특작과학원, 쌀과 밭작물을 연구하는 식량과학원, 소와 돼지 등 종축 연구를 하는 축산과학원 등이다. 각종 농업자원과 관련한 신품종, 재배법, 병충해 방지 등을 연구해 이 결과물과 기술을 농촌에 보급한다.

### -농업 현실 타개를 위한 농진청의 정책은.

▶스마트 팜, 6차 산업화, 밭농업 기계화, 농산물 가공 및 수출 확대 등을 꼽을 수 있다.

정보통신기술(ICT)을 농장에 접목해 생산력을 높이고 경영비용을 절감할 수 있는 스마트 팜 기술의 조기 실용화에 힘을 쏟고 있다. 스마트폰으로 환풍, 온도, 문 개폐 등을 조정할 수 있는 첨단기술을 도입한 농장이다. 군위군의 파프리카 재배 농가를 비롯해 'ICT 기반 스마트 팜 시범농장'을 전국 도별로 1곳씩 육성하고 있다.

농업 생산(1차)을 기반으로 가공과 유통(2차), 체험 및 관광(3차) 등으로 사업을 다각화해 농가소득을 높이고 일자리를 창출하는 농업의 6차 산업화도 중점 추진하는 정책이다.

밭작물의 기계화도 주요 과제다. 현재 벼농사는 98%가 기계화됐다. 밭작물은 품종이 다양해 종별로 재배양식을 동일화하고, 맞춤형 기계를 품종에 맞게 개발해야 한다.

개방화 시대를 맞아 내수를 넘어 중국, 일본, 홍콩, 싱가포르 등 큰 시장을 겨냥한 수출에도 역점을 두고 있다. 신선식품뿐 아니라 가공식품 개발 및 수출에 더 신경을 써야 한다.

이 같은 기술개발과 정책이 잘 추진된다면 우리 농업도 경쟁력을 갖춘 미래 성장산업으로 희망이 있다.

### -청장 취임 후 중점을 둔 정책추진 방향은.

▶고객 중심, 현장 중심, 정책 중심을 바탕으로 한 '고현정'을 캐치프레이즈로 내걸고 있다.

농업 분야는 연구를 위한 연구가 아니라 현장에서 꼭 필요한 기술을 연구'개발해야 한다. 현장 농업인들의 어려움을 해결하는 방향으로 가야 한다는 말이다.

'현장에 찾아가는 기술지원' 정책이 농민들로부터 단연 인기를 얻고 있다. 기후, 토양, 종자, 농약, 질병 등 분야별 전문가 4, 5명이 함께 농업 현장에 찾아가 상담과 기술지원 등을 통해 문제를 해결하는 방식이다. 올해도 벼농사, 한우농가 등 식량·원예·축산 분야를 대상으로 마을 단위로 찾아가 40회 가량 기술지원을 했다.

대학병원과 MOU를 체결해 건강검진을 비롯해 농기계수리, 농업컨설팅 등 종합적인 지원 서비스를 하는 '이동식 농업종합병원'도 상당한 성과를 내고 있다.

**-농진청이 개발했거나 개발 중인 첨단 농업과학기술은.**

▶ 기후 변화에 따른 신품종 개발과 밭작물 기계 개발이 성공적으로 이뤄지고 있다.

열대지방에서 잘 자라는 '아새미' 벼를 개발하는 등 더위와 새로운 질병에 강한 신품종을 개발하고 있다. 벼농사는 콤바인, 이앙기, 무인헬기 등으로 거의 자동화됐기 때문에 밭작물 기계를 중점적으로 개발하고 있다. 고구마·양파·마늘·콩 수확기와 참깨 베는 기계는 이미 개발했다.

현재 고추 따는 기계를 개발 중이다. 고추는 익는 시기가 달라 5, 6차례 수확을 하는데, 뙤약볕에서 노인들이 상당히 애를 먹는다. 노동력이 부족해 중국산 고추가 대량 유입되고 있는 실정이다. 고추를 한 차례 수확으로 5, 6차례에 걸쳐 수확하는 총량의 80%에 맞먹을 수 있는 품종을 개발하고 있다. 내년 말 목표로 고추 수확기를 농기계업체와 공동 개발하고 있다.

**-공직생활 중 가장 기억에 남는 일은.**

▶ 1983년 공직생활을 시작한 뒤 2차례의 외교부 근무를 제외하고 27년간 농식품부에서 일했다. 농업협동조합의 조직과 구조를 대폭 개혁할 때가 힘도 들었고, 기억에 남는다.

IMF 이후 협동조합장을 하면서 부실 농협에 대한 구조개혁에 나섰다. 부실 은행은 공적자금 수십조 원을 투입해 구조조정을 했지만, 전국 1천270여 개에 달하는 농협의 경우 공적자금을 지원할 근거나 관련 제도가 없었다. 이 때문에 농협 구조개선에 관한 법률과 예금자보호제도를 만들어 자기자본을 잠식한 농협을 폐쇄하고 일부는 합병하는 등 농협 구조개혁을 단행했다.

이후 농협정책국장을 할 때는 농협중앙회의 신용사업과 경제사업을 분리하는 업무를 맡아 금융지주와 경제지주로 분리하는 데 역할을 했다.

**-현 정부의 농업정책 중 보완해야 할 부분은.**

▶ 현재 전국 농가수가 110만 가구로, 1980년대에 비해 크게 줄었다. 특히 이 중 60만~70만 농가는 비싼 기계 등을 제대로 구입할 수 없는 자급자족농이다. 나머지가 중농 이상 가구인데, 농가의 양극화가 심하다. 소농에 대해서는 사회보장제도 등을 통한 지원이 이뤄지고 있는 데 반해 규모가 있는 농가에 대한 정부 지원책이 필요하다. 특히 중농 이상 농가의 경우 기업가와 같은 경영 마인드와 마케팅 능력이 절실한데, 이를 뒷받침할 정부 정책이 요구된다. 경상북도가 운영하고 있는 농민사관학교와 같은 역할을 하는 기관과 교육 프로그램이 전국적으로 확산돼야 한다.

김병구 기자 kbg@msnet.co.kr

## [미래의 농어촌] "선진농업은 95% 과학·5% 노동"··· 올핸 스마트팜 표준화

이양호 농촌진흥청장

이양호 농촌진흥청장은 농업과 ICT의 융·복합을 통한 창조경제를 강조했다.
[사진제공=농촌진흥청]

대담=박원식 부국장 겸 경제부장

정리=김선국 기자

"선진 농업은 95%가 과학기술이고 5%가 노동입니다. 혁신적인 과학 기술이 대한민국 창조농식품산업의 뿌리를 키웁니다."

이는 이양호 농촌진흥청장이 25일 본지와의 인터뷰에서 내던진 첫마디다.

이 청장은 "올해도 우리 농업·농촌을 둘러싼 여건은 녹록하지않다"면서도 "한편으로는 자유무역협정(FTA)과 더불어 수출 시장이 확대되고, 첨단 기술과의 융·복합, 6차 산업화 등을 통해 농업의 부가가치를 높일 수 있는 여건이 성숙되고 있다"고 말했다.

그러면서 그는 "귀농귀촌의 확산과 농촌 관광, 생태·문화적 가치에 대한 국민적 관심이 높아지면서 또 다른 성장의 기회도 마주하고 있다"며 "우리 농업·농촌이 안고 있는 어려움을 해결하고 농가소득 증대와 경쟁력 향상을 위해 '고객·현장·정책중심'의 농업기술 개발과 보급을 대폭 늘릴 계획"이라고 설명했다.

이 청장은 "농업인들이 흘린 땀을 최고의 고부가가치 농식품으로 재탄생시켜 농업을 미래 성장산업으로 육성하는 동시에 농업인들의 삶의 질을 높이는데 최선을 다하겠다"고 강조했다.

그는 올해 농진청의 미래 농촌·농업을 위한 중점 업무추진 계획을 인터뷰에서 밝혔다.

◆ 스마트팜·자동화 시스템으로 첨단농업 이룬다

올해 농진청은 정보통신기술(ICT)과 생명공학기술을 융복합해 우리 농업을 첨단화·자동화·고부가가치화를 이룰 계획이다. 온실, 축사에 정보통신기술을 융합해 농작업을 자동화하고 생산성을 높이는 한국형 스마트팜 표준모델 개발과 조기 실용화한다는 복안이다.

이를 위해 농진청은 한국형 스마트 온실·축사 및 핵심부품을 표준화하는 작업을 선행한다. 시설원예 부문은 단동·연동형 스마트 온실모델을 고도화하고, 온실 테스트 베드 활용 ICT 기기의 작동성능 등을 평가, 개선하는 연구를 진행한다. 축산업부문은 급이·급수 등 자동화기기·환경모니터링 기술을 적용한 '스마트 축사 관리모델'을 개발한다. 대상은 돼지,한우,산란계 등 6축종이다.

또 농진청은 근적외선 분광법을 활용한 토양 유기물 센서 개발 등 농작업 자동화, 륜형 벼 제초로봇 등 로봇화 기반기술을 개발한다.

측정 데이터 기반 생육관리 소프트웨어도 개발한다. 이를통해 빅데이터 수집기반을 확대하고 최적의 생육관리를 통한 생산성 향상 모델을 만들기로 했다 올해는 토마토, 딸기, 파프리카, 버섯을 내년에는 참외, 국화를 대상으로 진행한다.

또 밭농업 기계화 촉진을 위한 연구개발과 확산에 힘쓴다. 기계화율이 낮은 파종·정식·수확 등의 기계를 집중 개발하고 기계화에 적합한 품종 개발과 함께 재배양식을 표준화하는 등 밭농업의 경쟁력을 늘리겠다는 것이다.

◆ 6차산업화로 지역경제 활성화

농진청은 식품가공기술 등을 결합하는 등 우리 농업을 6차산업화하는 노력으로 농가소득을 높이고 지역경제를 활성화할 방침이다. 생산위주의 농축산업을 가공·유통·체험·관광 등으로 6차산업화해 부가가치를 높이고 지역의 일자리를 창출한다는 계획이다.

농진청은 로컬푸드, 직거래, 농촌관광을 늘려 소득창출을 다양화 하고, 6차산업화 시범사업 참여농가를 집중관리해 성과를 확산시킬 예정이다. 이를 위해 농진청은 지역단위 137개소에 248억원, 농가단위 108개소에 49억원의 예산을 투입한다.

또 법·제도적 정책을 기반으로 한 6차산업 경영체를 정착시키고 성장단계별로 지원체계를 마련하기로 했다. 상품기획, 판매, 마케팅 등 경영체별 역량과 조직화를 위한 지원도 아끼지 않을 계획이다.

시범사업 참여농가와 함께 중소가족농 중심의 신규 참여를 확대하고, 대상별 6

차산업화 추진방식도 차별화한다. 시범농가(114개소)는 지역별로 특화품목 중심의 수익모델을 구축하고, 농가단위(120개소)의 가공·외식·체험관광 활성화를 지원한다.

중소가족농(7934농가)은 농가별 경영개선과 창업역량을 지원하고, 자율모임체(450개)의 유통·마케팅 역량을 집중 지원한다.

창업지원도 아끼지 않는다. 소자본 창업 지원을 위해 '귀농창업지원센터' 6곳을 설치한다. 이곳에서는 사업성 분석 등 창업화 전 과정에 대해 자문과 컨설팅이 이뤄질 예정이다. 농산물종합가공센터(44개소)와 소규모가공창업 지원센터(18개소)도 문을 연다.

소규모 경영체들이 모여 협동조합, 법인화 등 경영체를 조직화하고, 모니터팜, 농촌전통테마마을, 코레일 등 유관기관과 협업도 진행한다.

◆ 첨단 농업기술로 농식품 수출 지원

농진청은 FTA 등 시장 개방을 우리 농축산물의 수출기회로 활용한다. 중국 등 FTA 체결국 시장에 진출해 활로를 찾을 수 있도록 맞춤형 기술 지원을 강화하겠다는 것이다.

그간 농진청은 △'설향' 딸기 선박 수출을 위한 이산화탄소($CO_2$) 처리기술 개발 △ 국산 참다래 에틸렌 발생제를 이용해 싱가포르 등 4개국 수출 시장 개척 △수입국 기준에 맞는 농산물 중 잔류농약 안전관리 기술 개발 등으로 글로벌 경쟁력을 높여왔다.

신선농산물 수출 확대를 위한 선도 유지기술 개발은 수출성과로 이어졌다. 선박 수출시 딸기 손실률은 30%에서 16%까지 감소하고, 국산 참다래 유통기술로 싱가포르 등 4개국에 제시골드, 한라골드 등 참다래 100t을 수출하기도 했다.

올해 농진청은 참외·감귤 수출 지원을 위한 기술 개발에 주력한다. 감귤은 살균 세척과 포장기술을 적용한 시섬수출을 추진하고, 참외는 수송온도 개선·세척 등 선박수출에 용이한 선도유지기술 매뉴얼을 보급한다. 딸기는 $CO_2$ 처리를 통한 '설향, 매향'의 선도유지기술을 보강하고, 신품종 '담향'의 선도유지조건을 설정한다.

수출현장 애로기술을 발굴하고 현장 컨설팅도 늘린다. 수출현장 애로기술의 직접 발굴을 위한 '수출현장리포터' 50명을 운영하고, 200명으로 구성된 '수출농식품 기술지원 협의회'를 만들어 현장컨설팅을 추진한다.

◆ 첨단 농업기술 해외 원조 늘린다

농진청은 △해외농업기술개발사업(KOPIA) 시범마을 확대 △대륙별 협의체 사업 내실화 △국제농업 현안 대응 등 해외원조확대 정책을 실시한다. 캄보디아 등 개도국을 대상으로 한국의 첨단 농업기술을 적극 전수한다는 것이다.

KOPIA 농업기술 시범마을은 지난해 3개국에서 올해 5개국으로 늘려 조성한다. 올해는 케냐 3개마을 90농가에 감자 생산성 25%, 소득 20%를 증가시키고, 육계 폐사율 감소로 소득 25%를 늘릴 수 있는 기술을 전수한다. 파라과이에 4개마을 200농가에는 우량참깨 3품종 재배기술 보급으로 ha 당 1.2t을 생산할 수 있도록 도울 예정이다.
또 농진청은 원조대상 20개국 46과제를 국가별로 기술개발을 강화한다. 라오스에는 채소, 잠업 분야를 짐바브웨는 식량, 원예작물 분야를 중점개발하는 형식이다.

◆ 농업분야 기후변화에 적극 대응

지난 100년간 세계 평균기온은 0.7℃, 우리나라는 이보다 2배 정도가 높은 1.5℃가 상승했다. 현재 추세대로라면 21세기 말(2099년) 우리나라는 현재보다 평균기온 6.0℃, 강수량 20.4 %가 증가할 것으로 예측된다. 이러한 기후변화는 작물 재배지와 이상기상 증가, 식량수급 등 농업에 많은 영향을 줄 것으로 전망된다.

기후변화에 따른 주요 과수 작물의 총 재배 가능지(재배 적지+재배 가능지) 면적 변동을 예측한 결과, 사과 재배 면적은 지속적으로 줄고 배, 복숭아, 포도는

21세기 중반까지는 조금 늘다 다시 줄어든 것으로 나타났다. 단감과 감귤은 지속적으로 증가하는 것으로 예측됐다.

이에 농진청은 고온 적응형 품종 육성과 권역별 작목 배치, 고온 대응 재배 기술 개발, 미래 생산성 변동 예측과 기상 재해 조기 경보 시스템 개발 등 기후 변화 대응책을 적극 추진하고 있다. 또 기후 변화 시 재배 가능한 새로운 작물을 개발하기 위해 과수 작물 11종 등 열대·아열대 작물 총 38종을 도입해 적응성 시험을 하고 있다.

또 농진청은 파리기후협정에 따른 농업부문의 선제적 대응기술을 개발하기로 했다. 올해 농업 온실가스감축목표는 85만5000tCO2로 잡았다. 이에 농진청은 온실가스 배출량 산정방법 고도화와 저탄소 농업정책을 지원한다. 농업기후 지표 분석·개발 3종과 재배적지 구분(과수 5종), 재배적지 변동, 침수취약성, 가뭄위험 정보 등 농장(필지) 단위의 토양·기후정보 통합정보시스템 기반도 구축한다.

이 청장은 "올해는 농업의 지속 가능성과 경쟁력 제고를 위해 추진 중인 농업의 미래성장산업화 핵심과제의 가시적 성과가 확산되는 시점"이라며 "창의적 아이디어와 도전의 자세로 농정현안에 효과적으로 대처하기 위한 현장중심의 기술 개발과 실용화에 매진할 것"이라고 마무리 지었다.

◆이양호 청장 약력
△1959년 경북 △대구 영남고 △영남대 행정학과 △태국 아시아과학기술원 농식품공학과 석사 △농림부 무역진흥과장 △주 경제협력개발기구(OECD) 대표부 농무관 △농식품부 농업정책국장 △농식품부 기획조정실장 △농촌진흥청장

## [농어촌이 미래다 - 그린 라이프]
## '통일벼'로 녹색혁명 이루었듯… 이젠 종자산업 육성에 매진

**이양호 농진청장에 종자산업의 어제와 오늘 그리고 미래를 듣는다**

"우리 민족이 한반도에 거주한 이래 쌀이 모자라 밥을 배불리 먹을 수 없었던 시절, 쌀 자급은 하나의 꿈이었습니다." 이양호 농촌진흥청장은 15일 세계일보와의 인터뷰에서 식량 자급자족을 화두로 꺼내들었다. 이 청장은 집무실에서 창 아래로 보이는 본관 서북쪽 '오공제'(五控堤) 저수지로 기자를 이끌었다. 저수지 앞에는 쌀을 형상화한 대형 기념물과 '綠色革命成就'(녹색혁명성취)라는 글귀가 새겨진 표지석이 세워져 있었다.

이 청장은 "박정희 대통령의 지시로 농진청이 13년 만의 벼 품종 연구 끝에 '통일벼'를 만들어내 1977년 쌀 자급자족을 달성했다"며 "그해 12월 20일 박 대통령이 친필 휘호 '主穀(주곡)의 自給達成'(자급달성)과 함께 보낸 '綠色革命成就'를 표지석에 담았다"고 설명했다.

2009년 과학기술부에서 선정한 국가연구개발 반세기 10대 성과 중 녹색혁명의 주역인 '통일벼' 육성이 첫번째로 선정됐다. 놀라운 수확량을 자랑하는 통일벼로 국민이 굶주림에서 해방된 점이 높은 평가를 받았다. 이 청장에게 통일벼를 비롯한 다양한 종자개발의 태동에서부터 미래까지 들었다.

**-통일벼는 어떻게 개발됐나.**

▶"농진청은 1962년 4월1일 설립됐다. 당시 우리나라는 미국에서 밀가루와 옥수수를 무상원조받아 배고픔을 달래는 상황이었다. 농진청의 가장 큰 현안은 식량부족 문제였다. 박 대통령은 1964년 3월 13일 농진청에서 열린 식량증산연찬대회에 참석해 '우리나라 경제적 자립은 식량의 자급자족부터 시작돼야 한다'고 했다. 이를 계기로 농진청은 다수확 벼 품종 육성 연구를 시작했다. 박 대통령은 봄철 모내기나 가을철 4H경진대회, 벼베기 등 1년에 2~3번 농진청을 방문할 정도로 애정을 쏟았다. 농진청은 수많은 시행착오를 거듭한 결과 1971년 키가 작고 이삭이 크며 병충해에 강해 30% 이상 수확량이 많은 새로운 벼 품종인 '통일'을 육성했다. 이후 15개의 통일형 벼 품종을 키워 전국에서 재배했다. 드디어 1977년 쌀 생산 4000만석(576만t)을 달성해 쌀의 자급자족을 실현하게 됐다. 이를 녹색혁명이라 한다."

**-종자산업 육성은 농업의 경쟁력과도 밀접할 것으로 보인다.**

▶"통일벼라는 종자가 없었다면 식량자급은 요원했을 것이다. 지금 각 나라는 종자를 둘러싸고 총성 없는 전쟁을 치르고 있다. 세계종자시장 규모는 450억달러(약 53조5000억원)에 달한다. 우리나라

이양호 농촌진흥청장이 15일 세계일보와의 인터뷰에서 종자개발, 개도국과의 농업기술 협력사업, 고부가가치 곤충산업 등에 관해 이야기 하고 있다.　　　　　　　　　　농촌진흥청 제공

는 벼와 밀, 보리 등 식량작물 자급은 100% 달성했고 육종능력도 상위권이다. 무와 배추, 고추 등 채소류 역시 농진청 산하 시설원예시험장의 초대 원장을 지낸 고 우장춘 박사의 연구로 세계적인 수준이다. 그러나 화훼류와 과수, 과채류는 매우 취약하다. 우리나라 종자시장은 4억달러도 안 된다. 국내 1~4위 종자 기업들이 1997년 외환위기 때 다국적기업으로 넘어갔기 때문이다. 농진청은 열악한 국내 종자산업을 살리고자 연구에 매진하고 있다."

**-종자를 수입하려면 막대한 로열티를 지불해야 하지 않나.**

▶"딸기와 장미, 국화, 참다래, 난, 버섯 6개 품목의 연간 로열티 지불액은 2012년 176억원이나 됐다. 그래서 시장 경쟁력 있는 화훼류, 수입대체용 약용작물, 소비자 선호 버섯 품종을 육성하고 있다. 약용작물의 경우 제천과 영주 등 4곳에 50㏊ 규모의 대량 생산단지가 조성돼 있다. 유전자원 확보와 보전에도 심혈을 기울이고 있다. 종자강국 도약과 종자산업 기반 구축을 위해 2012년부터 10년간 4911억원을 들여 농림축산식품부, 해양수산부, 농진청, 산림청 등이 참여하는 '골든시드프로젝트'를 추진 중이다. 세계시장에서 경쟁할 수 있도록 종자산업육성 5개년 계획(2013~2017년)도 시행하고 있다. 이런 노력으로 6개 품목의 보급률은 2013년 34.1%에서 지난해 39.2%로 확대됐고, 이에 따른 로열티 절감액(연간)은 올해 81억원에 달할 것으로 전망된다."

**-우리가 개발한 종자를 수출도 하나.**

▶"2011년부터 참다래(키위), 딸기, 장미 등 7개 작물 32개 품종을 미국과 일본, 네덜란드 등 6개국에 수출해 로열티를 받는 나라가 됐다. 참다래 '제시골드'와 '한라골드'는 중국 수출로 20년간 총 100억원의 로열티를 받을 것으로 기대된다. 장미 '그린뷰티' 등은 화훼 선진국인 네덜란드에 수출해 2011년부터 약 9억원의 로열티를 받고 있다. 일본을 비롯한 7개국에도 장미, 국화 등 116개 품종을 출원해 61개 품종을 등록했다. 국화 '백마' 품종의 중국현지 생산기지를 지난 1월 설립했고 연말에는 일본 수출도 추진한다. 전북 김제에 민간육종단지를 건설해 민간 20개 종자회사를 육성할 것이다. 지난해 종자수출액이 4500만달러였는데 2020년까지 2억달러를 달성하겠다."

**-수출농업 육성 방안은 무엇인가.**

▶"참다래, 참외 등 신선농산물의 선도 유지·부패 억제 등 저장기술과 수입국 검역기준에 맞는 포장방법을 보급하고 있다. 중국과 할랄시장 개척을 위해 현지 선호도 등 수요조사와 인증기술 지원,

원재료 생산기술 개발을 하고 있다. 수출대상 국가별 농약안전사용지침 설정과 수출현장 애로기술 발굴도 하고 있다."

### –개발도상국가에 새마을운동과 연계한 시범마을 만들기 사업이 궁금하다.

▶"2009년부터 해외농업기술개발(KOPIA) 센터를 아시아 · 중남미 · 아프리카 20개국에 설치해 개도국 농가의 소득향상 · 자립역량 강화를 돕고 있다. 캄보디아에는 3개 마을 70개 농가에 양계기술은 물론이고 공동구매 · 출하 등 유통기법을 전수했다. 병아리 폐사율이 27%에서 5%로 줄었고 사육기간도 106일에서 75일로 단축돼 농가소득이 늘었다. 수익의 일부를 마을자조금으로 모으고 있는데 2만4000달러 정도라고 들었다. 필리핀에는 우량 벼 종자생산 3개 마을(40개 농가)을 조성했다. 지난해 필리핀 정부와 공동 개발한 'MS11'을 '새마을쌀'로 현지 브랜드 등록했다. 스리랑카에는 양파 3개 주산지 40개 농가에 양파 종자증식 · 보급 생산단지를 만들었다. 이런 시범마을은 올해 5개, 내년에는 7개 더 조성한다. 작년에 3개국 농민과 공무원 76명을 초청해 근면 · 자조 · 협동의 새마을정신을 교육했는데, 한국의 발전 모습에 감명받고 자기 나라로 돌아가 활발하게 활동하고 있다."

### –최근 곤충과 농축산물을 활용한 부가가치 창출 사례가 꽤 있는 것으로 아는데.

▶"곤충의 식용화 확대를 위해 곤충식품등록 추진과 곤충 기능성 · 의약품 소재 개발에 힘을 쏟고 있다. 최근 식용 곤충인 고소애(갈색거저리 유충)와 쌍별귀뚜라미가 식품위생법상 일반 식품원료로 인정받았다. 고소애로는 특수의료용 식품인 '고소애 푸딩'을 개발하기도 했다. 단백질과 탄수화물, 식이섬유, 지방, 비타민, 무기질을 함유한 '고소애 푸딩'은 씹거나 삼키는 데 어려움이 있는 사람이나 수술 등 치료로 식욕이 떨어져 영양이 부족한 환자가 영양 보충을 할 수 있도록 만들어진 식품이다. 애기뿔소똥구리에서는 신규 항생제 물질이, 왕지네에서는 아토피 치유 물질이 발견돼 건강기능식품 등록을 서두르고 있다. 장수풍뎅이, 귀뚜라미 등도 곤충과 누에, 약용작물을 이용해 혈전 · 피부질환 개선 등에 효과가 있는 식의약 소재도 개발하고 있다."

세종=박찬준 기자 skyland@segye.com

## 로열티 대응 6개 품목 보급률 및 로열티 절감액
*6개 품목: 딸기, 장미, 국화, 참다래, 난, 버섯

자료: 농촌진흥청

## 국내 곤충시장 규모
(단위: 원)

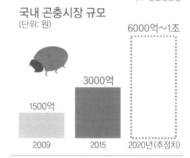

243

# "마사회, 레저 문화기업으로 '환골탈태'…농가 소득 키우는 말 산업 이끌겠다"

새 성장동력 찾는 이양호 한국마사회 회장

취임 직후 미래전략TF 신설

신뢰 추락 · 매출 정체 · 규제, 3대 위기 돌파할 묘수 찾기

지역 축제에 관광승마 결합…농촌 일자리 창출에도 앞장

미 · 영 등 경마 선진국처럼 온라인 베팅 허용 논의해야

이양호 한국마사회 회장이 9일 경기 과천 본사 집무실에서 올해 경영계획과 성장전략을 설명하고 있다. 농림축산식품부 관료를 지낸 그는 지난해 말 제35대 회장으로 선임됐다.
한국마사회 제공

"마사회가 전례 없는 위기를 맞았습니다. 매출은 정체됐고, 국민 신뢰는 추락했습니다. 강력한 규제도 발목을 잡고 있고요. 마사회가 국민 레저스포츠 문화기업으로 자리매김할 수 있도록 새로운 방향을 잡아 나갈 계획입니다. 경마와 승마를 남녀노소 누구나 즐길 수 있는 레저스포츠로 정립하고 차세대 성장동력을 적극 찾겠다는 거지요."

이양호 한국마사회 회장(58)은 9일 경기 과천 한국마사회 본사 집무실에서 한 한국경제신문과의 인터뷰에서 "취임 전 예상했던 것보다 대내외 환경이 어려운 상황"이라며 이같이 말했다. 농림축산식품부 관료를 지낸 그는 지난해 말 임기 만료된 현명관 회장에 이어 제35대 회장으로 선임됐다.

◆ "가족 스포츠로 변신"

지난해부터 말에 대한 국민 여론이 싸늘해졌다. 최순실 국정농단 사태로 승마가 도마에 올랐기 때문이다. 이 회장은 "경마 매출도 2011

년 이후 7조7000억원으로 정체돼 있고, 새로 개장한 테마파크인 렛츠런파크를 찾는 방문자도 줄고 있다"며 "여론 악화, 성장 정체 등 위기를 타개하기 위해 취임 직후 미래발전전략 태스크포스(TF)팀을 조직해 탈출 방안을 찾았다"고 설명했다. TF팀이 내린 결론은 농촌과 연계한 산업 성장과 경마를 레저스포츠 문화로 탈바꿈시키는 것이다. 이 회장은 "경마는 영국 여왕도 즐기는 문화스포츠이자 온가족이 함께 할 수 있는 사교의 장"이라며 "가족 단위로 참여하는 다양한 축제와 이벤트를 마련할 것"이라고 강조했다.

우선 경마의 품질을 높이고 스마트 경마서비스를 구축할 방침이다. 한국 경마는 작년에 파트2로 승격됐다. 이 회장은 "한국 경마 100주년을 맞는 2022년에는 최상위 등급인 파트1 승격이 될 수 있도록 기틀을 다질 것"이라며 "코리아컵과 같은 큰 대회를 지속적으로 개최하고 국산 경주마의 해외 참가를 활발히 해 경마한류를 이끌어낼 것"이라고 말했다. 스마트폰을 활용한 경마정보 제공도 확대할 방침이라고 했다.

### ◆ 농촌과 연계해 말산업 성장

이 회장은 행정고시 합격 후 농림축산식품부에서 20년간 근무하다 2013년부터 작년 8월까지 농촌진흥청장을 지냈다. 농업 전문가인 그는 말산업 성장의 키워드를 '농업'에서 찾았다. 이 회장은 "매년 4월 전북 고창에서 청보리밭축제가 열린다"며 "이곳에선 마차를 타고 보리밭을 구경하는 게 관광 상품으로 자리 잡고 있다"고 설명했다. 지역 축제에 관광승마를 결합하면 관광객들의 볼거리가 늘어난다는 것이다. 이 회장은 "'해안 승마'처럼 농어촌의 관광자원을 도입한 관광승마를 활성화하면 농어촌가구 소득에도 도움이 될 것"이라며 "승마에 대한 나쁜 선입견도 개선될 것으로 기대한다"고 말했다.

한국마사회는 승마 과목의 교육과정 편입과 학생승마 체험 확대 등으로 유소년 승마 인구 늘리기에도 나설 방침이다. 이 회장은 "승마 선진국인 독일에는 '삼두일직(三斗一職: 말 세 마리가 일자리 한 개를 만든다)'이란 단어가 있을 정도로 말산업이 일자리 창출에 도움을 준다"며 "씨수말 교배, 해외 전문인력 초빙, 농가 컨설팅, 취업지원 프로그램 활성화를 통해 산업 육성에 나설 것"이라고 설명했다.

이 회장은 임기 내 핵심사업 중 하나로 온라인 베팅 합법화를 검토하고 있다. 그는 "불법도박 시장 규모가 127조원(2014년 기준 한국형사정책연구원)으로 지난해 정부예산(386조원)의 30%에 달한다"며 "무조건적인 규제가 능사는 아니라는 인식을 갖고 선진국 사례를 살펴볼 필요가 있다"고 강조했다. 미국과 영국, 호주, 홍콩, 일본 등 경마 선진국들은 대부분 온라인 베팅을 허용하고 있다. 이 회장은 "베팅이 합법화된다면 불법도박 근절, 관리 강화, 세수 확보 등 이점도 있다"며 "각 분야의 다양한 전문가들과 합리적인 해결 방안을 논의해야 할 시기"라고 말했다.

최진석 기자 iskra@hankyung.com

# [사람 속으로] 국민소득 2만 달러 시대엔 골프, 3만 달러 땐 승마 즐기죠

## 취임 100일 된 이양호 마사회장

한국에서 말(馬)에 대한 인식은 부정적이다. 승마는 귀족 스포츠로 인식되고, 경마는 도박의 이미지를 벗지 못하고 있다. 게다가 대한민국을 뒤흔든 국정 농단이 말로부터 시작됐다. 특혜·부정·비리의 이미지가 말에 덧씌워졌다. 한국마사회는 국민의 따가운 눈총을 받고 있다.

국정농단 사건 연루돼 이미지 타격
마사회 국민 신뢰 회복하는 게 중요
목장서 말 키우고 경주·체험까지
말산업도 6차 산업 지향해야 성장
경마 역사 95년인데 국제경쟁력 부족
지난달 월드컵 무대서 첫 결선 진출
불법경마 업소 연매출 마사회의 3배
규제·세금 피해 불법 사이트서 베팅

한국마사회가 검찰 수사를 받고 감사원의 감사를 받는 상황에서 이양호 한국마사회장이 지난해 12월 취임했다. 그와 마사회에 지난 100여 일은 어려운 시간이었다. 이 회장은 "마사회가 국민의 신뢰를 회복하는 게 중요하다. 검찰 수사에 최대한 협조하는 동시에 마사회 발전과 승마·경마 발전을 위해 할 일은 꼭 하겠다"고 말했다.

렛츠런파크 서울 접견실에서 만난 이양호 마사회장은 승마와 경마가 융복하는 6차산업이 되도록 할 것이라고 말했다.

 **취임 후 석 달이 지났다.**

"(국정 농단과 관련한) 수사를 받고 있다. 의혹은 많았지만 대부분 과장되거나 사실이 아닌 것으로 드러나고 있다. 이를 계기로 많은 국민의 관심을 받게 됐다. 의도하진 않았지만 노이즈 마케팅 같은 거다. 우리가 잘하면 국민이 알아 주실 걸로 믿는다."

**Q 업무는 다 파악했나.**

"상황이 썩 좋지 않다. 2011년부터 마사회 연 매출이 7조원대에서 정체돼 있다. 비용은 해마다 늘기 때문에 이익이 점차 줄고 있다. 지난해 당기순이익은 2300억원이었다. 다른 산업보다는 좋지만 매년 이익이 100억~200억원씩 줄어든다는 건 나름의 문제를 갖고 있다는 것이다."

**취임 후 가장 중점을 둔 업무는.**

"마사회가 사회적 이슈에 연루돼 대외 이미지에 심각한 타격을 받았다. 직원들 사기도 많이 꺾였다. 논란이 됐던 10여 가지 대규모 투자사업의 방향을 재설정하기로 했다. 조직 개편을 통해 분위기도 바꿨다. 또 내부의 젊은 직원들 중심으로 미래발전전략 태스크포스(TF)팀을 구성했다. 경마 고객이 50대 이상에 편중돼 있는데 20~30대에게도 매력 있는 마사회를 만들자는 의도다."

2011년 '말산업육성법'이 국회를 통과하면서 농식품부는 말을 신(新)축산정책의 중심으로 삼고 있다. 이 회장은 "농업이 6차 산업화(1·2·3차 산업을 복합해 높은 부가가치 생산)에 힘쓰는 것처럼 말산업도 6차 산업을 지향해야 한다"고 주장했다.

 **그(말산업의 6차 산업화)에 대한 구체적 추진방식은 뭔가.**

"농업은 원료를 생산하고(1차 산업), 가공식품을 만든다(2차 산업). 체험형 농장을 운영하는 게 3차 산업이며, 이것들을 한곳에서 즐기면 6차 산업이 된다. 말을 키우고(1차 산업), 사료·장비 등을 만들어 팔고(2차 산업), 승마와 경마를 즐기는 것(3차 산업)만으로는 부족하다. 지난달 일본 홋카이도의 노던팜이라는 말목장에 다녀왔다. 거기에선 말 생산과 경주·체험까지 이뤄진다. 목장이 하나의 테마마크드. 1인당 국민소득 2만 달러면 골프를 치고, 3만 달러면 승마를 즐기고, 4만 달러가 되면 요트를 탄다고 하지 않나. (한국의 2016년 1인당 국민소득은 2만7561달러이지만) 3만 달러 시대를 준비하자는 거다."

**경마산업만으로도 여전히 경쟁력이 있지 않나.**

"한국 경마 역사가 95년이지만 국제경쟁력은 부족하다. 지난달 아랍에미리트(UAE) 두바이에서 총상금 2900만 달러(약 336억원)가 걸린 '두바이 월드컵'이 열렸다. 한국 경주마 '트리플나인'이 예선과 본선을 거쳐 결선까지 진출했다. 상위권에 들지 못했지만 한국 경마 사상 쇠초로 월드컵 무대에 섰다. 장기적으로는 국제대회에서 좋은 성적을 내고 국산 말을 수출할 단계가 돼야 한다. 그건 시간이 더 걸리는 일이다."

사진제공 한국마사회

249

한국에 있는 경주마는 대부분 1억원 이상 주고 수입해 온다. 두바이 월드컵이나 미국 켄터키 더비 등 세계적 경주에서 우승한 일부 명마(名馬)는 100억원이 넘기도 한다. 은퇴 후에는 씨수말로 변신한다. 이런 씨수말은 그 자마(子馬)들에 대한 기대감으로 100억원을 줘도 살 수 없다. 그래서 명마의 정액 값은 다이아몬드 값과 비교되기도 한다.

 **경마 인구가 계속 줄고 있다.**

"사람들이 경마를 하지 않는 건 아니다. 얼마 전 불법 경마 운영자를 잡았는데 일요일 하루에만 매출 1704억원을 올리고 있더라. 단순 계산으로 연 20조원이 넘는다. 전국 3개 경마장과 31개 장외 발매소를 운영하는 마사회 매출의 세 배 이상이다. 불법 사이트에서는 베팅 제한(마사회는 1회 10만원)이 없다. 또 손님에게 돌려주는 돈(환급률)이 90%를 넘는다고 한다. 그래서 규제와 세금을 피해 불법 경마로 몰리는 것이다. 마사회는 세금(매출액의 16%)과 각종 비용을 빼고 나면 환급률이 73%밖에 되지 않는다. 불법 경마를 단속해 음성적 베팅을 막는 동시에 세금을 낮추는 정책이 필요하다. 그러면 정부 세수는 오히려 더 늘어날 것이다."

 **그러기 위해서는 경마·승마가 더 친근해져야 할 것 같다.**

"과천시에 10년 넘게 살았는데도 경마장(렛츠런파크)에 한 번도 오지 않은 분이 많더라. 한번 와 보시라. 경치도 좋고 먹고 즐길 게 많다. 가족들과 함께 말 구경을 해 보고, 마방도 둘러보시라."

◆이양호 한국마사회장=영남대 행정학과를 졸업해 1982년 행정고시에 합격했다. 1983년부터 농림수산부(현 농림축산식품부)에서 일했고 식품산업정책실장, 기획조정실장을 지냈다. 제25대 농촌진흥청장을 역임한 뒤 지난해 말 제35대 한국마사회장으로 임명됐다.

## [S BOX] 렛츠런파크서 벚꽃축제·야시장·직거래장터도 열어

지난 8일부터 12일까지 경기도 과천시에 있는 '렛츠런파크 서울'에서는 매일 밤 야간 벚꽃축제가 열렸다. '말(馬) 그대로 벚꽃'이라는 콘셉트로 기획된 이번 축제에 닷새 동안 7만5313명이 찾아 봄나들이를 즐겼다. 야간 벚꽃축제는 여의도 벚꽃축제만큼 유명하지는 않아도 경기도 남부에선 꽤 유명한 4월 야간 페스티벌이다. LED 조명을 받은 야간 경주로가 흐드러지게 핀 벚꽃과 멋진 조화를 이뤘다.

무더위가 찾아오는 7~8월 주말에는 열대야를 날리는 한여름밤의 축제 '야간 경마'를 실시해 색다른 즐거움을 준다. 곳곳에 등불을 달고 야시장을 열며, 젊은 세대를 위한 인디 아티스트 공연도 개최한다.

렛츠런파크 경주로 내에는 세계 최초의 말 테마파크 '위니월드'가 있다. 최대 1만 명이 입장할 수 있는 위니월드에 가면 7개 마을에서 60여 종의 롤플레이(역할놀이)를 즐길 수 있다. 또 2030세대를 위한 승마 체험 놀이공간 '놀라운지'와 30년 역사의 '말박물관'이 있다.

농특산물 직거래장터 '바로마켓'도 매주 수·목요일에 열린다.

김식 기자 seek@joongang.co.kr

**&농민신문사**

말 사육농가 컨설팅 교육 강화

학교체육에 승마 도입 추진

경마, 레저문화로 승화시킬 것

이양호

"정성스런 마음으로 솔선수범하라는 '성심적솔(誠心迪率)'이란 말을 늘 가슴에 새겨두고 있습니다. 국내 말 사육농가는 물론 국민을 만족시키는 한국마사회가 되도록 최선을 다하겠습니다."

이양호 한국마사회장은 11일 <농민신문>과의 인터뷰에서 국내 말산업 성장을 위한 마사회의 역할을 강조하며 이같이 말했다. 정부로부터 말산업 육성을 위임받은 전담기관으로서 본연의 역할에 충실하겠다는 것이다. 농촌진흥청장을 지낸 그는 2016년 12월 제35대 마사회장으로 취임했다.

-취임 직후 미래발전전략 태스크포스(TF)를 만들었는데.

▶취임 후 내부적으로 변화가 절실하다는 것을 느꼈다. 마사회의 주요 수익원인 경마 매출은 2011년 이후 7

조7000여억원으로 정체돼 있고, 방문자 수도 꾸준히 줄었다. 이런 상황을 타개하기 위해 TF를 꾸렸다. 마사회의 새로운 모습을 그리고자 밤낮없이 고민했다.

그 결과 '국민행복을 향한 질주'라는 새로운 슬로건을 탄생시켰다. 여기엔 국민복지와 여가선용, 축산업 발전 등 마사회 설립목적을 이루겠다는 의지가 함축돼 있다.

-국내 말 사육농가들은 마사회에 큰 기대를 걸고 있다.

▶농가늘이 징성깃 키운 말은 한국 경마사업의 성장에 지대한 영향을 미친다. 국내 경마가 국제 무대에서 경쟁하기 위해선 경주마의 능력을 무시할 수 없기 때문이다. 농가늘의 경쟁력이 곧 국내 경마산업의 자산인 셈이다.

마사회는 농가의 경쟁력 강화와 경영 안정을 위해 지원을 아끼지 않을 것이다. 구체적으로 국산 마필 육성을 위한 씨수말 교배사업, 농가컨설팅·교육 확대, 생산자단체의 애로사항 해결 등 다양한 지원을 통해 농가들이 훌륭한 말을 생산할 수 있도록 최선을 다하겠다.

-승마의 대중화를 천명했는데.

▶대중이 승마를 쉽게 접할 기회가 없다보니 여전히 낯선 스포츠로 여긴다. 이러한 인식을 전환하고자 승마 보급에 많은 노력을 기울이고 있다.

특히 승마인구를 늘리려는 차원에서 어렸을 때부터 승마를 접할 수 있는 환경 조성에 매진하고 있다. 유소년 승마대회를 늘리는 동시에 승마를 학교 체육 정규과정에 편입시키기 위해 시범사업을 진행 중이다. 또 승마 인프라 구축에도 힘을 쏟고 있다.

-농촌과 승마를 연계한 사업을 구상 중인 것으로 알고 있다.

▶농촌과 승마의 연계는 전북 고창의 청보리밭축제에서 영감을 얻었다. 이 축제에서 관광객들이 마차를 타고 보리밭을 구경하는 관광상품이 인기를 얻고 있다. 이처럼 농촌 관광상품에 승마를 결합하면 이색적인 추억을 관광객들에게 선사할 수 있을 것으로 생각한다. 승마에 대한 국민의 친근감은 물론, 농촌 경제 활성화에도 도움을 줄 것으로 기대한다.

-마시회 경영외 원첩인 경마에 대한 국민의 인식이 좋지 않다.

▶경마에 대한 인식 개선은 마사회의 중요한 과제다. 우리나라도 경마 선진국처럼 경마를 하나의 레저문화로 즐길 수 있도록 인식전환에 전력을 기울이겠다.

우선 '렛츠런파크'를 경마와 레저문화가 공존하는 공간으로 만들 생각이다. 경마체험과 연계한 축제를 끊임없이 선보여 국민이 경마를 하나의 문화콘텐츠로 인식하도록 만들겠다. 또 불법 사설경마를 줄이고 건전한 레저스포츠로 발전시켜 신뢰를 회복해 나가겠다.

과천=최문희 기자 mooni@nongmin.com

**@ 내일신문**

## [인터뷰 | 이양호 한국마사회장]
## "온라인 마권 발행 검토할 때"

불법경마 막고 서비스 개선 … 불법업체 1곳 매출이 마사회 2.5배 규모

2017-05-18 10:45:20 게재

눈덩이처럼 커지고 있는 불법경마를 막기 위해 온라인 마권발매를 검토해야 한다는 주장이 다시 제기됐다.

19일로 취임 5개월을 맞는 이양호 한국마사회장은 내일신문과 인터뷰에서 "올해 초 경기도 광주에서 불법경마 업체를 단속했는데 그날 하루 매출액이 1704억원이었다"며 "형사정책연구원이나 사행산업통합감독위원회 조사를 보면 불법경마 규모가 커지고 있어 대책을 세워야 한다"고 강조했다.

당시 단속된 업체 매출액은 마사회 하루 매출액의 2.5배 수준에 이른다. 서울(과천), 부산·경남, 제주 등 3개 경마장과 전국 31개 장외발매장을 가진 마사회보다 불법경마업체 1곳의 매출 규모가 더 큰 것이다.

이 회장은 "마사회는 매출액의 16%를 세금으로 내지만 불법경마는 세금 한 푼 안 내고, 개인당 베팅도 제한이 없어 도박중독성도 더 크다"며 "합법경마에 대한 규제를 완화해서 제도 안에서 통제가능하게 만들어야 한다는 게 그동안 고민의 결과"라고 말했다. 온라인 마권발매는 대안 중 하나로 오랫동안 검토돼 왔지만 아직 사회적 공감대가 낮다. 게다가 최순실 국정농단 사태에 마사회가 연루되면서 제도개선을 추진할 동력도 약화된 상태다. 그는 "하지만 한국에서 경마를 시행한다면 온라인 발매는 선택할 수 밖에 없는 방안"이라며 "미국 일본 영국 등 선진국들이 그랬던 것처럼 우리도 언젠가는 해야할 일"이라고 덧붙였다.

일본의 경우 온라인 발매를 허용한 후 장외발매장을 찾는 고객이 줄어 2015년 매장을 42개에서 40개로 줄였다. 지역주민들이 꺼려하는 장외발매장을 줄이는 효과도 생긴 것이다. 이 회장은 "온라인 발매가 가능하면 주민들이 반대하는 곳부터 장외발매장을 점차 줄일 수 있을 것"이라고 말했다. 성인인증이나 본인인증을 해야지만 온라인 발매를 할 수 있고, 1인낭 발매한도를 더 철저히 지킬 수 있다는 것도 장점으로 거론했다.

이 회장은 지난해 말 연임을 노리던 현명관 전 마사회장이 최순실 사태로 갑작스럽게 물러나면서 취임했다. 해마다 50만명 정도씩 줄어드는 경마고객과 매출둔화, 악화된 이미지 등 최악의 상황이 그를 기다리고 있었다. 이 회장은 "직원 사기를 올리고 미래 비전을 세울 수 있도록 1월초 미래발전전략수립을 위한 특별팀을 만들어 3개월간 방안을 마련했다"고 말했다. 미래발전을 위한 12개 과제를 만들었고, 17개 투자사업에 대한 점검도 마쳤다.

전임 회장 때 만든 테마파크 '위니월드'는 정상적인 운영이 안되고 있어 계약을 해지할 수 있다는 통보도 했다. 대체 사업자가 없으면 직영하는 방안까지 검토하고 있다.

새 정부가 핵심 과제로 추진하고 있는 공공기관 비정규직의 정규직화를 위한 실태파악도 시작했다. 이 회장은 "마사회가 직접 고용하고 있는 시간제경마직은 2200여명, 용역회사 등을 통해 간접고용하고 있는 직원은 1500여명"이라며 "시간제경마직은 상시 고용하기 어려운 업무특성을 고려해 해법을 찾고, 40여개 경비 청소 등 업체와 계약한 간접고용은 정부의 정책방안에 따를 것"이라고 말했다.

정연근 이선우 기자 ygjung@naeil.com

2018년 1월 25일 초판 1쇄 인쇄
2018년 2월 7일 초판 1쇄 펴냄

지은이 ㅣ 이양호
펴낸이 ㅣ 이철순
디자인 ㅣ 이성빈

펴낸곳 ㅣ 해조음
등    록 ㅣ 2003년 5월 20일 제 4-155호
주    소 ㅣ 대구광역시 중구 남산로13길 17 보성황실타운 109동 101호
전    화 ㅣ 053-624-5586
팩    스 ㅣ 053-624-5587
e-mail ㅣ bubryun@hanmail.net

ISBN  978-89-92745-67-3 03300
ㆍ잘못된 책은 바꾸어 드립니다.   ㆍ책값은 뒤표지에 있습니다.